土井善晴の魚料理

さばいて、おいしく

NHK出版

魚の国の、おいしい魚の
上手な食べ方を知ってほしい

魚をさばくというのは、三枚におろすことばかりではありません。いろんなやり方があります。出刃包丁でなくても、家庭用の文化包丁でもたいていできてしまいます。手でさばく方法もあるのです。

おいしい魚が食べたいといいながら、魚をさばいたことがない人に限って、「魚をさばくのは面倒だ」「魚をさばくのは難しい」なんていいます。やったこともないのに、難しいなんていうのはおかしいですよね。きっとそんな人は、魚を買うこともできないでしょう。なぜなら、おいしい魚を買おうと思えば、おいしい魚のことをまず知らなければならないからです。そのためには、実際に魚を触ってみること。自分の手でさばくことが、何より大切なことなんです。

魚を知りたい！　おいしい魚を食べたい！　食べさせてあげたい！　と思う人は、ためらわずにやってみることです。たとえば、魚をおろしながら、「魚の骨ってどうなっているのだろう!?」と、魚の骨の構造を頭

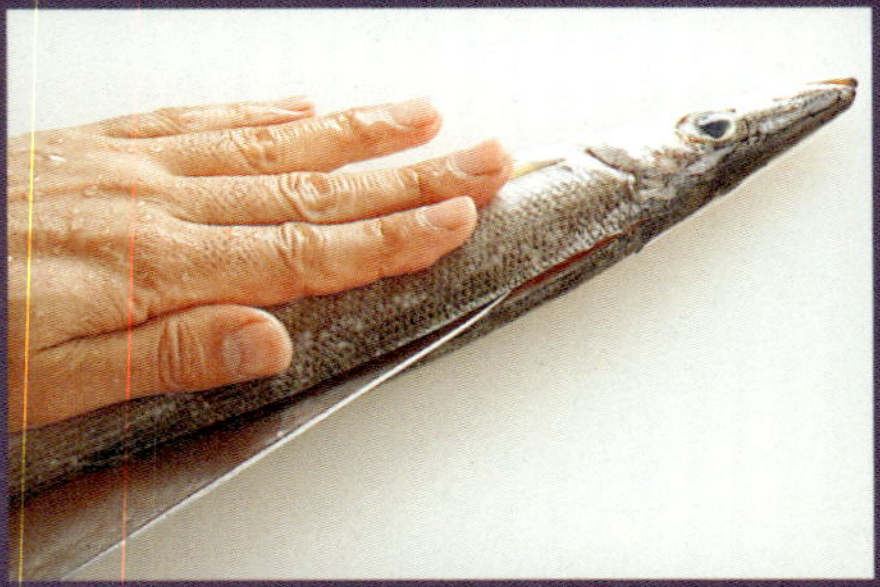

に描いてみてください。すると、魚をまっすぐにすれば、骨は1枚の板面になる……要するに「おろすというのは、骨から身をはずせばよいのだ」ということがわかります。理解すれば、だれにでもできるんです。

「上手におろす」なんていうことよりも、大切なこともあります。それは鮮度を落とさない知恵をもつこと。魚をさばくといっても、料理は刺身だけじゃありません。煮つけ、から揚げ、干物……と、その目的によって、魚のさばき方は変化します。おろす以上に簡単な方法もいろいろありますし、見れば自分でもすぐにできます。忙しいときには、魚屋さんに「このカレイ、煮つけるからウロコを取って、エラを抜いといてくださいね。そのまま鍋に入れられるように、きれいにしといてね」と、要領よくお願いできるようにもなるでしょう。

日本は魚の国です。世界中のどの国よりも、魚を上手に扱う技術をもっています。大切にしたいと思います。

土井善晴

土井善晴の魚料理

さばいて、おいしく

目次

本書の使い方

● 本書で使用している計量カップは200㎖、計量スプーンは大さじ15㎖、小さじ5㎖です。1㎖＝1ccです。
● 本書の材料表のEは、およその1人分のエネルギー、Tはおよその調理時間を示します。
● 材料表の●欄の調味料の分量は、つくり方本文に記載されています。
● 本書で使用している「だし」は、特にことわりのない限り、昆布と削り節でとっただしです。顆粒タイプ、濃縮タイプの市販のだしの素を使う場合は、瓶などに記載されている割合を参考にして、水などで薄めてご使用ください。
● 魚のさばき方は、利き手が右手の場合の方法を紹介しています。
● 魚焼きグリルなどの調理器具は、各メーカーの使用説明書などをよくお読みのうえ、正しくお使いください。
● 加熱調理の際にアルミ箔《はく》を使用する場合は、使用説明書に記載の耐熱温度を確認のうえ、正しくご使用ください。

魚をさばく前に

用意したい道具

家庭の魚料理で使う包丁は、文化包丁か出刃包丁です。骨などの堅さによって、文化包丁でさばける魚と、出刃包丁が必要な魚とがあります。本書では、各種類の「おさかなＭＥＭＯ」に、下ごしらえに必要な包丁を挙げていますので、参考にしてください。

文化包丁　家庭で最もよく使われているもので、万能包丁、三徳包丁とも呼ばれます。刃の長さが７寸（21㎝）～７寸五分（22.5㎝）のものが使いやすく、刃が細身のものなら、刺身も上手に切ることができます。

出刃包丁　片刃のため刃が鋭く、また、刃に重みがあるため、この重みを利用して堅い骨をたたき切ることもできます。たいなど骨が堅い魚をさばくときには必須の包丁です。刃の長さが６寸（18㎝）程度のものが使いやすいでしょう。

ウロコを取る道具　たい、あまだいなど大型でウロコが堅い魚は、ウロコ引き（ウロコかきともいう）という専用の道具が便利です。また、かれいやぶりなどウロコがごく小さな魚は、ステンレス製の金だわしを使うと、ウロコもぬめりもよく取れます。

いずれの場合もウロコが乾いていると取りにくいので、魚体をサッと水でぬらしてから作業し、最後に包丁でもこすって仕上げます。

その他の道具　大型の魚の血合いを洗うときには、ささら（竹を細く割って束ねたもの）が便利です。歯ブラシなども使えます。小骨を抜く骨抜きも用意しましょう。

鮮度を落とさない扱いを

魚の値段は種類だけでなく、鮮度にあるといっても過言ではありません。せっかくの一匹魚を、よりよい状態で食べるために、以下の点に注意してください。

魚の持ち方　腹や身の部分を手のひらでさわっていると、手の温度で魚が傷みます。頭、あるいは尾を持つようにしましょう。頭は、目の脇の堅い部分を持つと安定します。

下ごしらえは早めに　魚は内臓から傷み始めます。朝のうちに購入して夕食に食べる場合でも、ウロコを取って内臓を除き、水洗いするまでの下ごしらえは、購入後すぐに済ませておきましょう。

水けが残っていると傷みやすくなるので、最後に乾いたふきんや厚手のキッチンペーパー（不織布タイプ）で水けをしっかりとふき取ります。あとはポリ袋などに入れ、調理まで冷蔵庫に入れておきます。

さく取りの終わったものは　たい、かれい、あまだいなど上等の白身の魚で、さばいて刺身用にさく取りしたものは、特にていねいに取り扱いたいものです。

朝から夕方までの数時間程度なら、乾燥を防ぐために経木ではさみ、さらに厚手の紙タオルで包んでからバットなどにのせて、多めの氷とともに発泡スチロールなど断熱性の箱に入れておく方法がおすすめです。冷蔵庫よりも、温度が下がりすぎず、上質に保てます。経木がない場合は、厚手の紙タオルのみでもよいでしょう。

翌日までおいておく場合は、冷蔵庫で保存しましょう。

出刃包丁

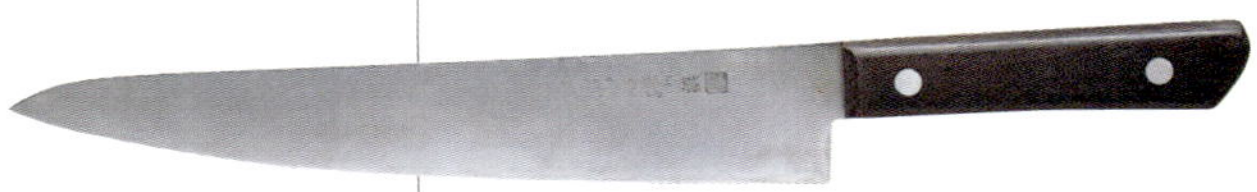
文化包丁

清潔が一番と心得る

　生の魚を扱うのですから、何よりも清潔を心がけることが大切です。特に刺身は加熱しないで生のまま食べるお料理です。包丁、まな板、ふきんなど道具はもちろん、調理する場所も清潔でなければ、安心して食べられません。清潔に保つということは、一つ一つの作業をていねいに行うことにつながり、きれいな仕上がりにつながります。

汚れを散らさない　ウロコはとても飛び散りやすく、こびりついて乾くと、なかなかはがれません。ウロコを取るときは、大きめのポリ袋の中で作業すると、始末が楽です。また、ウロコ引きは尾側から頭側に向けて動かしますが、やや斜めに動かしたほうが、ウロコが飛びません。

まな板を汚さない　最初にまな板を水でぬらし、しっかりと水けをふき取ってから使います。水を吸わせておくと、においや汚れがしみ込むのを防ぐことができます。

　また、包丁を入れて内臓を抜くまでの処理は、血や内臓でまな板が汚れますから、あらかじめ紙を敷いた上で作業し、不要な内臓などはその紙で包んで始末するのもおすすめです。

専用のふきんでそのつどふく　それでもまな板や包丁は血などで汚れてきます。ふきんを数枚用意しておき、血などの汚れや水けは、そのつどふき取り、常に清潔に保つようにしましょう。

　ふきんは、どうしても魚のにおいが残るので、専用のものを決めておくとよいでしょう。私はわかりやすく、黄色いふきんは魚用としています。

目の脇を持って扱う。

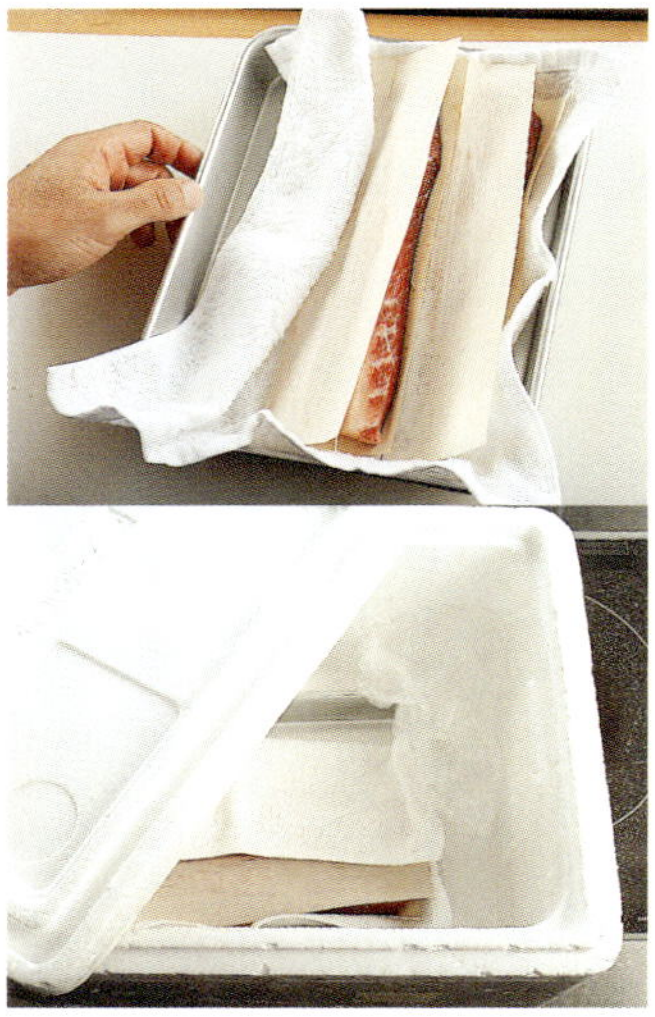

経木と紙タオルで二重にはさみ、氷を入れた発泡スチロール箱に入れて、ふたをしておく。

ウロコ引きは斜めに動かすと飛び散りにくい。

魚専用ふきんの色を決めておくとわかりやすい。

魚の骨は１枚の板

魚の中骨は、頭から尾をつなぐまっすぐな１本の骨です。この中骨から、上下に細い骨が伸びています。つまり全体が１枚の板のようなもの。この板から身をはずすのが、いわゆる三枚おろしです。

あじ

鯵

おさかなMEMO

スズキ目アジ科

名前

一般にあじと呼ばれる種類（写真）は、和名マアジ。特に小さいものは小あじと呼ぶ。

さばく包丁

文化包丁、骨抜き

特徴・選び方

あじに特有の堅いウロコ、ゼイゴをもつ。釣りあじの場合や、関西地方以西で漁獲された場合、頭の付け根あたりに血抜きをしたあとがある。目に透明感があり、きれいなものを選ぶ。

あじの体のつくりは魚の基本形。初めてさばいてみるのにぴったりの魚です。あまり大きくない、中くらいのあじは値段も安く、脂がのりすぎていないので、たたきにして食べるのがおすすめです。基本の三枚おろしにしてみましょう。小あじは、エラや内臓を取るだけで食べられます。

※写真は小あじで体長約6cm。

1 ウロコを取る

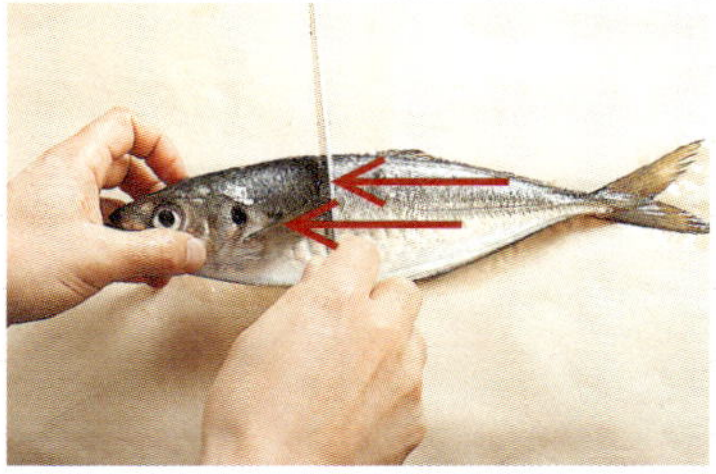

魚体の表面やヒレの付け根を、尾から頭に向けて包丁の刃でこすり、ウロコを取る。

2 ゼイゴを取る

尾の際から水平に包丁を入れ、前後に動かしてゼイゴをそぎ取る。裏面も同様にそぎ取る。

3 頭を落とし、内臓を出す

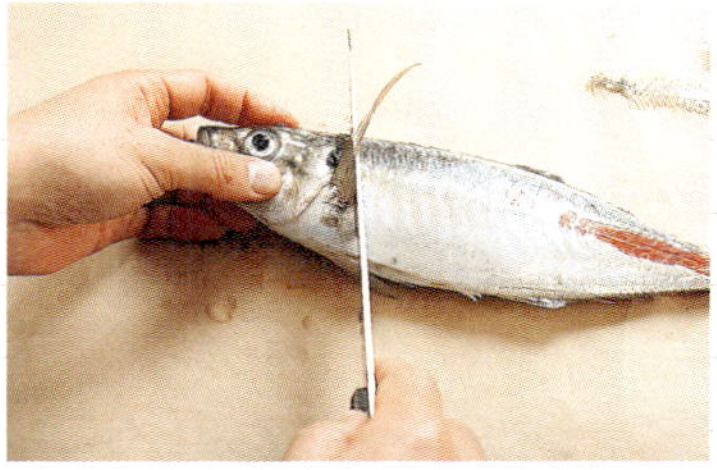

頭を左にして置き、胸ビレを頭側につけて斜めに切り落とす。

頭側を右にし、頭の切り口から腹を切り開く。ふつうは排せつ腔まで切るが、あじの場合は尻ビレまで切る。

切り口から内臓をすべて引き出す。

4 血合いを取って洗う

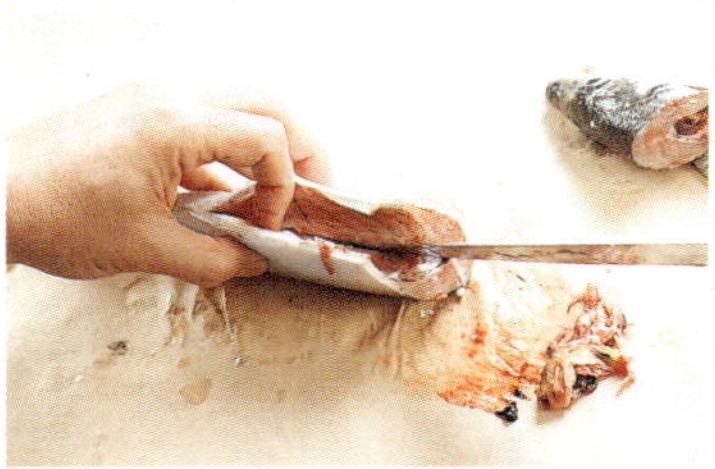

中骨に沿ってついている血合い（筋状の血の塊）を落とすため、腹膜に浅い切り目を入れる。

流水の下で切り目をつめの先でこすり、血合いをきれいに流す。残った内臓、表面のウロコも落とす。

表面、腹の内側ともに、しっかりと水けをふき取る（ここまでを水洗いという）。

5 三枚おろしにする

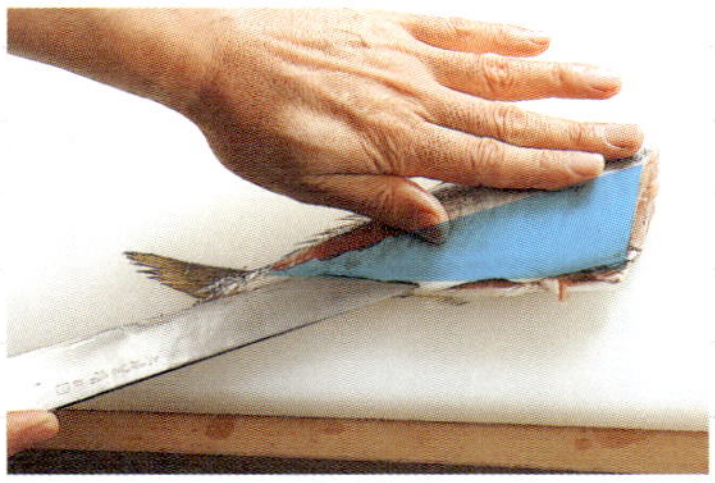

腹の切り目から包丁を入れる。包丁の先を中骨にあてながら引き、尾の付け根まで切る（写真青色部分を切る）。

背を手前にし、背ビレの上に浅い切り目を入れる。数回包丁を引いて、中骨に当たるまで切る（写真青色部分を切る）。

6 中骨から半身を切り離す

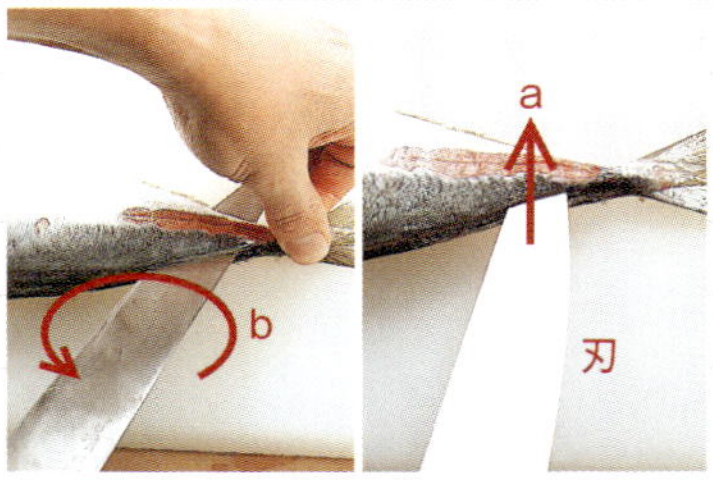

尾の付け根に、背側の切り目から刃を右にして包丁を差し込む（a）。包丁を持ち替えて刃を左に向ける（b）。

尾を押さえながら頭側にまっすぐ包丁を動かして、半身を中骨から切り離す。

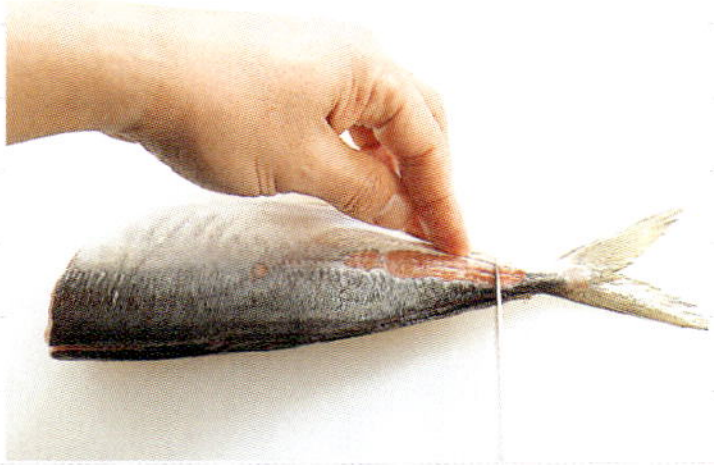

つながっている尾の付け根部分を切る。

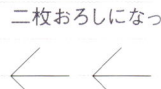

二枚おろしになった。

7 反対側の身をおろす

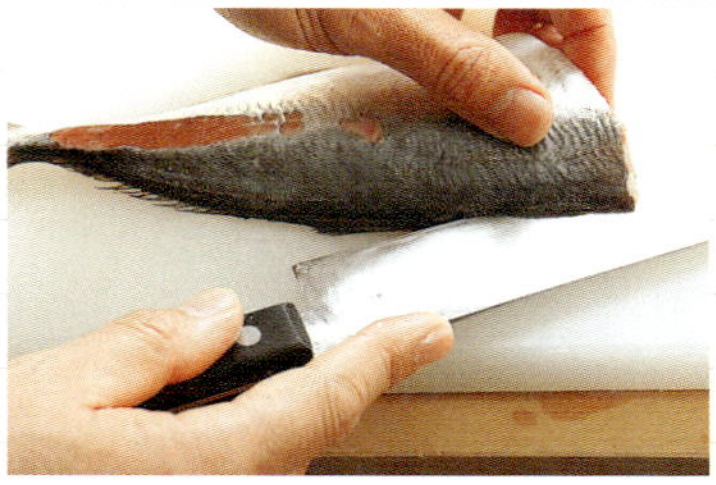

魚体を裏返し、背を手前にする。背ビレのやや上を目安に包丁を入れ、中骨まで切る（写真青色部分）。

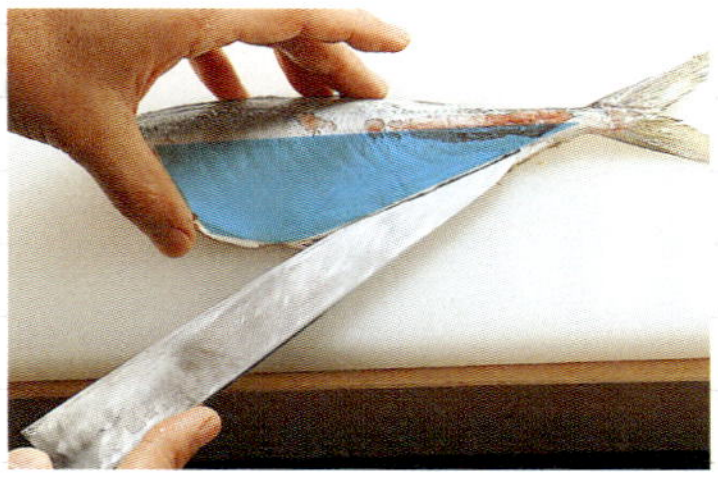

次に腹側を手前にし、尾の付け根から尻ビレにかけて、ヒレのすぐ上を目安に包丁を入れ、写真青色部分を切る。

8 中骨から切り離す

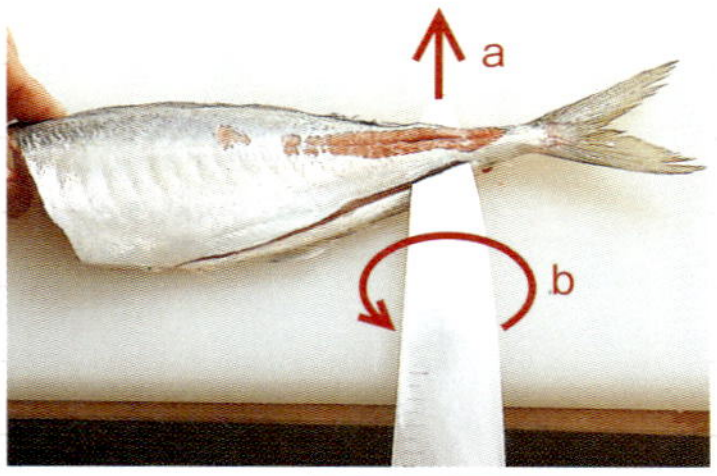

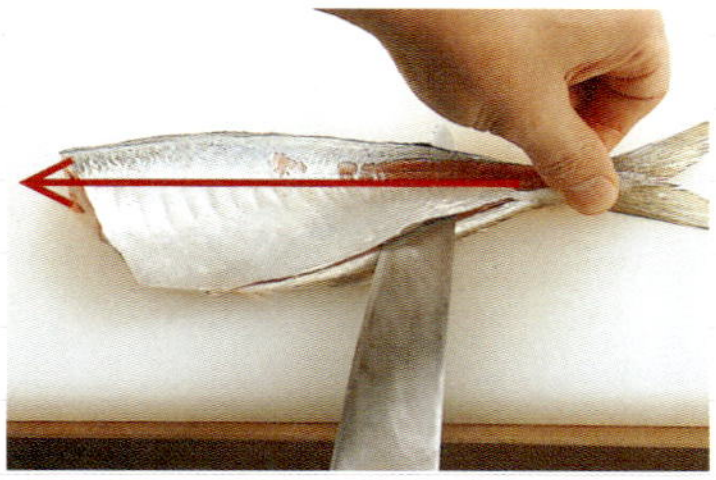

尾の付け根に、刃を右にして包丁を差し込む（a）。刃の向きを左に変えて包丁を持ち替え（b）、頭側にまっすぐ動かして中骨から切り離す。

9 腹骨をそぎ取る

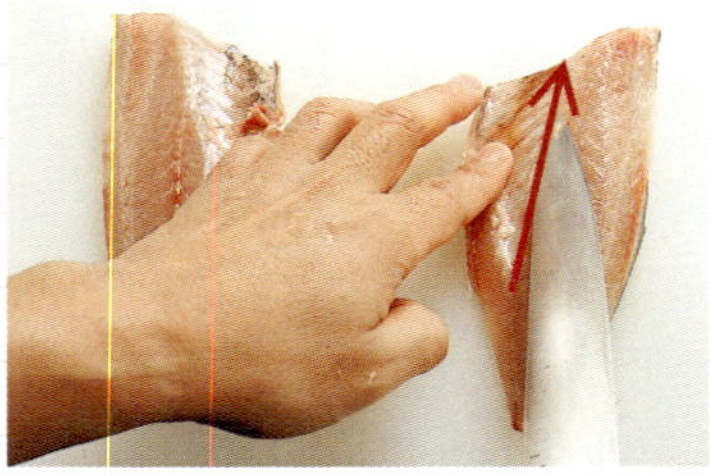

頭側を上にして左側に腹骨がついている半身は、包丁の背側を腹骨の際にすべらせて端を起こす。

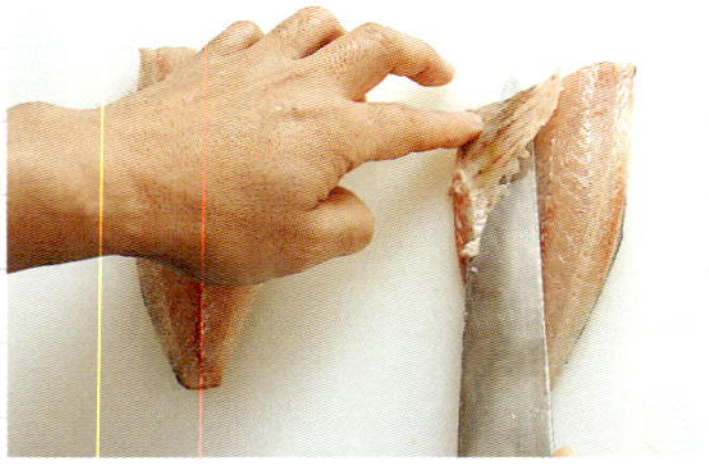

腹骨の端が起きた部分に刃をねかせて入れ、腹骨をそぎ取る。

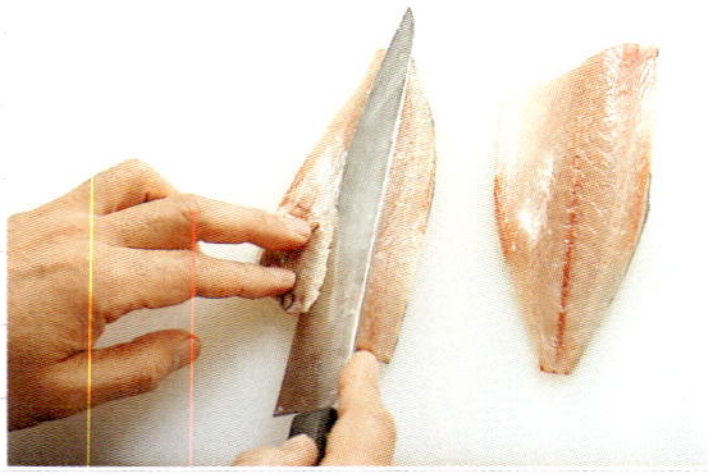

残りの半身は頭側を下にして置く。包丁の背側で腹骨の端を起こしてから、そぎ取る。

10 小骨を取る

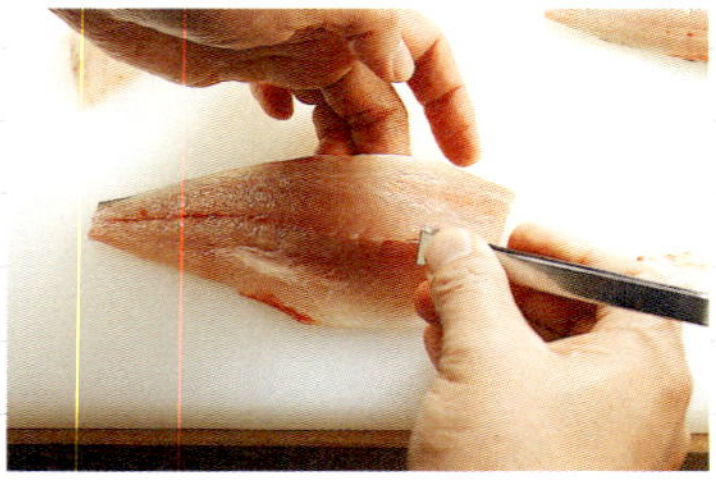

中骨に沿った部分に小骨がついているので、指先で確認し、骨抜きで抜く。

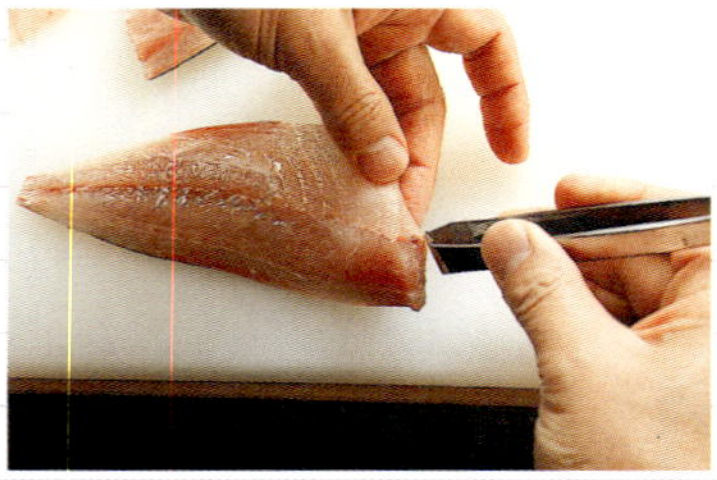

頭側の切り口にも小骨があるので、骨抜きで抜く。

三枚おろしの完成

あじのたたき

まずはシンプルな味わい方で。
みょうが、青じそなどを混ぜても。

材料（4人分）

あじ（刺身用）…1匹（300g）
青ねぎ…1本（薄い小口切り）
しょうが…20g（すりおろす）
青じそ・紅たで・しょうが…各適量
●しょうゆ
E45kcal　T50分

1 あじは三枚におろし、腹骨をそぎ取って、小骨も抜く（9～10ページ参照）。

2 あじの皮をむく（写真A）。勢いよく引くと、皮がちぎれてしまうので、少しずつていねいにはぐ。

3 あじを斜めに約5㎜幅に切り（写真B）、さらに約5㎜角に切る。これを包丁でたたき、やや粘りけが出てきたら青ねぎ、しょうがを加え、さらに包丁でたたく（写真C）。

4 **3**を冷蔵庫に入れ、約30分間冷やす。好みで青じそ、紅たで、すりおろしたしょうがを添えて盛り、しょうゆ適量をつけて食べる。

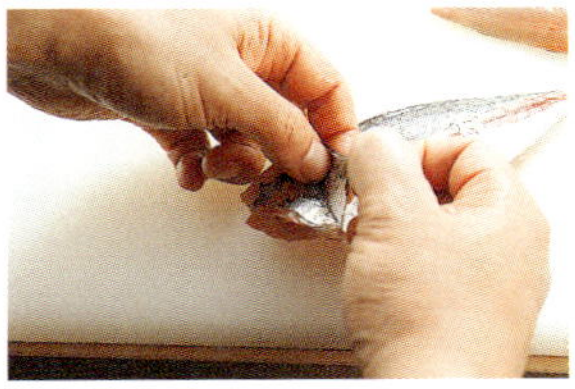

A 頭側から、身と皮の間につめの先を入れてむく。

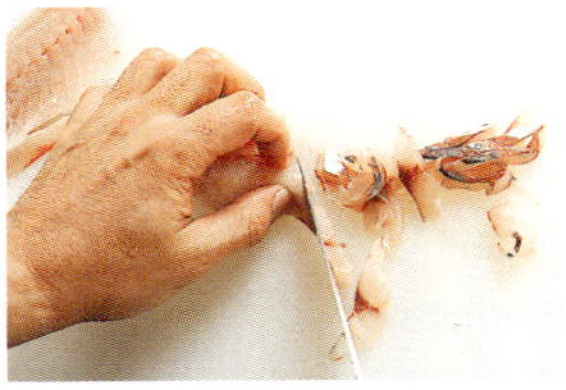

B 皮側を下にして置き、包丁を引いて斜めに切る。

C 香味野菜を散らして、全体がなじむまでたたく。

あじの赤だし

赤だしみそが青魚のうまみを引き出します。みつばの香りを添えて。

材料（4人分）
あじのアラ…（大）1匹分
昆布…（8㎝角）1枚
赤だしみそ…40g弱
みつば…適量（ザク切り）
E25kcal　T20分

尾ビレは料理ばさみなどで切り取ってもよい。

1 あじのアラは、中骨は食べやすい大きさのブツ切りにし、頭は縦半分に割る（写真）。

2 鍋に**1**を入れてかぶるくらいの水（カップ４が目安）と昆布を加え、火にかけて煮立てる。アクを取り、弱火にして約10分間煮る。

3 赤だしみそを溶き入れ、器に盛ってみつばをあしらう。

あじご飯

うまみたっぷりの魚飯。あじの身をのせて炊くだけです。

材料（4人分）
あじ（三枚におろしたもの）
…（大）1匹分（正味150g）
米…カップ2（400㎖）
青ねぎ…1本
●酒・しょうゆ
E350kcal　T1時間10分＊
＊米に水を吸わせる時間、炊く時間は除く。

1 米は炊く30分～1時間前に洗ってざるに上げ、洗い米にする。

2 あじは腹骨をそぎ取る。皮をむいて小骨を血合い肉とともに切り取り、そぎ切りにする。

3 **1**の洗い米をはかり、同量の水とともに炊飯器の内釜に入れ、酒大さじ1、しょうゆ大さじ2を加え、あじをのせて普通に炊く。

4 青ねぎは小口切りにする。

5 **3**が炊き上がったら**4**を加え、サックリと全体を混ぜ合わせる。

小あじの南蛮漬け

下ごしらえはエラと内臓を抜くだけ。
しょうゆを加えた南蛮酢で、ご飯によく合います。

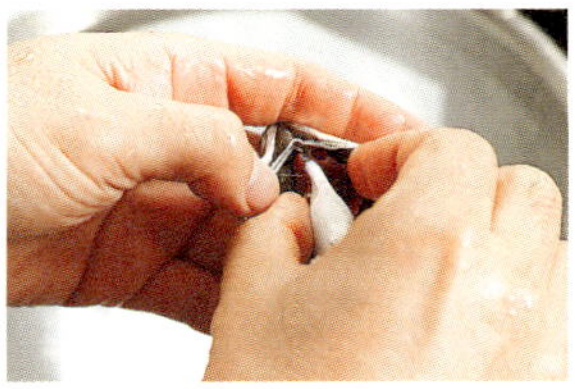

A 左手でエラぶたをあけながら、右手でエラをギュッと押さえる。

B 内臓を途中で切らないよう、ていねいに抜き取る。

材料（4人分）

小あじ…約500g

南蛮酢

- 赤とうがらし（小口切り）…小さじ1
- 昆布…（10㎝角）1枚
- 水…カップ1⅓
- 砂糖・酢・しょうゆ…各カップ⅓

きゅうり（小）…適量

●小麦粉・揚げ油

E300kcal　T40分＊

＊南蛮酢につける時間は除く。

1 小あじは指先か包丁でウロコをこそげ取る。腹側を上にしてエラぶたをあけ、あごの付け根からエラを持って引き（写真A）、内臓ごと抜き取る（写真B）。水で洗い、水けをふき取る。

2 バットか浅めの器に南蛮酢の材料を合わせておく。

3 **1**の小あじに小麦粉をまぶし、余分な粉をはたいて、160℃に熱した揚げ油に入れ、出てくる泡が小さくなるまでじっくりと揚げる。油をよくきって**2**のバットに加え、2時間以上つける（冷蔵庫で2～3日おいてもおいしい）。

4 きゅうりはヘタを落として切り口付近の皮をグルリとむく。2～3等分に切って**3**とともに器に盛る。

浅蜊

あさり

春の風物詩「潮干狩り」でおなじみのあさり。
殻は思いのほか汚れているので、
砂を抜いたあと、しっかりと洗いましょう。

※写真は殻の幅約3cm。

1 砂抜きする

重ならないようにバットに広げ、海水程度の塩水をヒタヒタにはって湿らせた新聞紙で覆い、涼しい場所に約1時間おく。

殻どうしをこすり合わせ、ぬめりがなくなるまでよく洗う。

おさかなMEMO

マルスダレガイ目マルスダレガイ科

特徴

最もよく食べられている二枚貝。殻の模様や色は変異に富み、国内でも産地はさまざま。加熱後に殻の開かなかったものは死んでいるので取り除くこと。

あさりのワイン蒸し

バターと白ワインを使って洋風に。
塩けはあさりのもつ塩分でＯＫ。

材料（4人分）とつくり方

1 鍋にオリーブ油大さじ1、にんにくのみじん切り1かけ分を入れて中火にかける。香りが出てきたらバター15gを加えて溶かし、砂抜きしたあさり400gを加え、ざっと炒める。

2 強めにこしょうをふり、白ワインカップ¼を注いでふたをする。強めの中火であさりの口が開くまで蒸し煮にする。

3 網じゃくしなどであさりを取り出し、器に盛る。残った煮汁は少し煮詰めてあさりにかける。

E70kcal　T10分

あまだい

甘鯛

※写真は体長約40cm。

おさかなMEMO

スズキ目アマダイ科

名前
関西地方ではグジと呼ばれる。

さばく包丁
出刃包丁

特徴
アカアマダイ（写真）、キアマダイなどがあり、アカアマダイは魚体に黄斑が入るのが特徴。名前にタイと付くが、マダイと近縁ではない。

関西地方では、お祝い事など特別なときにいただく魚としておなじみ。程よく脂がある品のよい白身魚なので、蒸したり、塩でしめたりするのがおすすめの調理方法です。

1 ウロコを取る

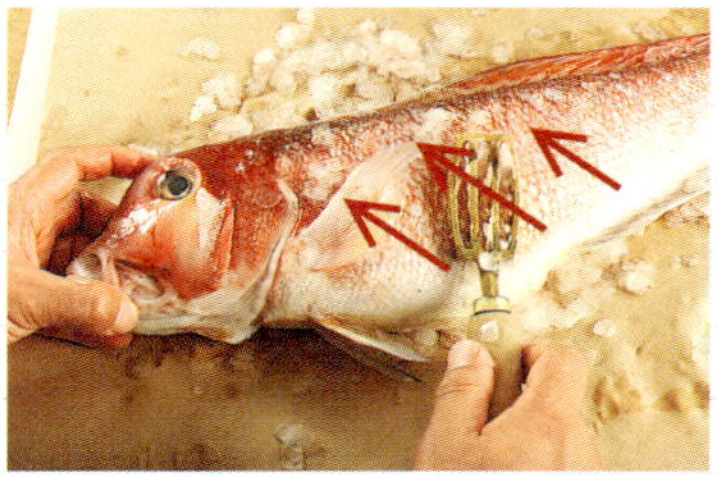

最初にウロコ引きを使って表面のウロコを取り除く（斜めに動かすとウロコが飛び散りにくい）。

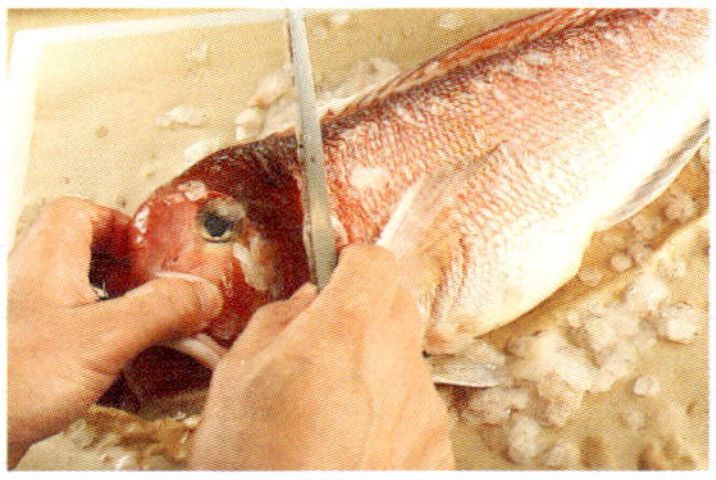

さらに包丁で全体、また頭やヒレの際などもこすって、残ったウロコをていねいに取る。

2 腹を切り開く

エラぶたを持ち上げて包丁の先を入れ、膜と、エラのつながった部分を切る。

エラぶたの下に腹側の中央まで切り目を入れ、包丁の向きを変えて、腹ビレの間を排せつ腔（○印）まで切り開く。

3 エラと内臓を取って洗う

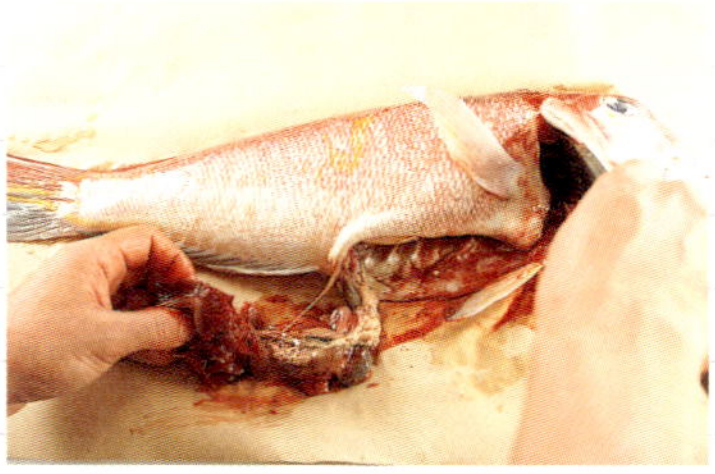

エラをつかんで引くと、内臓ごと取り除くことができる。中骨に沿って腹膜に切り目を入れておく。

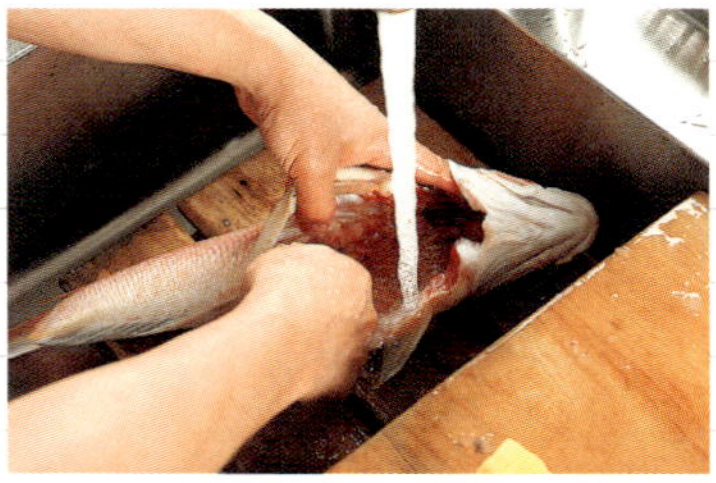

ささらを使って血合い(筋状の血の塊)を落とし、腹の中を洗い、しっかりと水けをふく。

4 頭を切り離す

頭を左にして置き、胸ビレを頭側につけて包丁を入れ、中骨の手前まで切る。

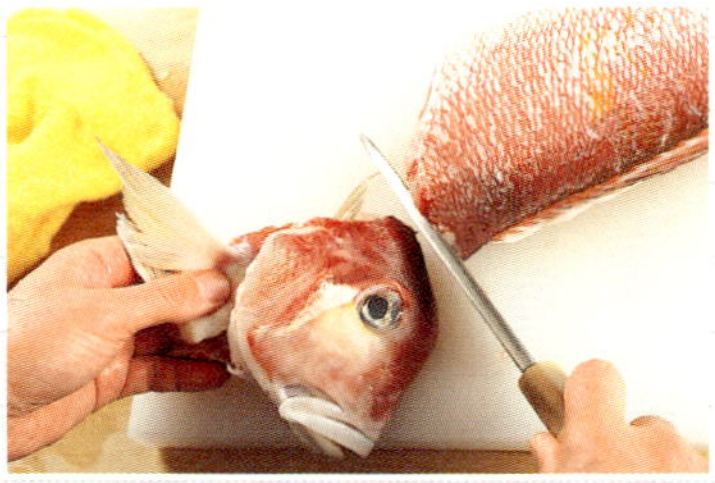

背を手前にし、中骨ごと背側をグッと切り下ろし、頭を切り離す。

5 三枚おろしにする

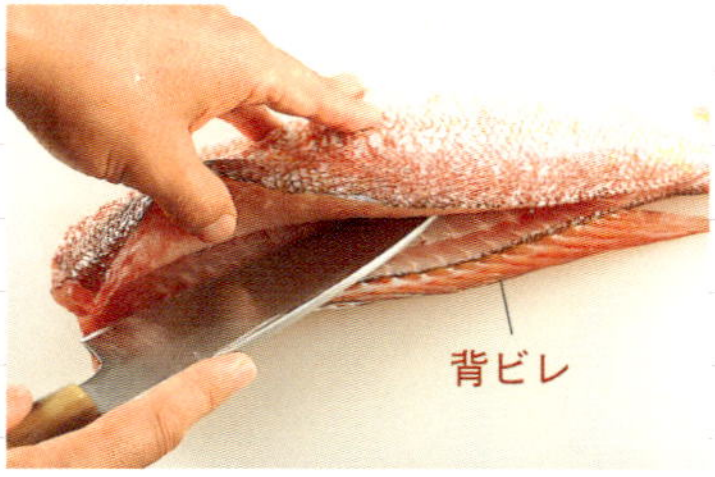

頭側を左、背を手前にして置く。背ビレのやや上を目安に包丁で皮に切り目を入れ、何度か包丁を引いて中骨の上まで切る。腹骨のない尾側は、そのまま中骨を越えて魚体の下側も切る。

尾を左手で押さえ、包丁をやや力強く押すようにして、中骨から腹骨を切り離す。

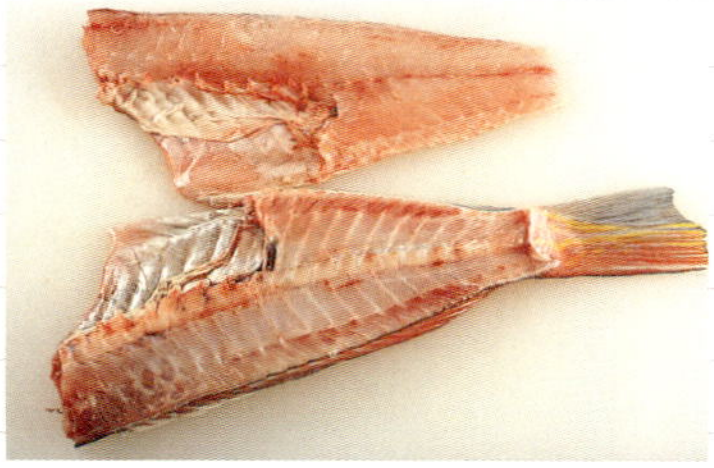

尾の付け根のつながった部分を切り離すと、二枚おろしの完成。

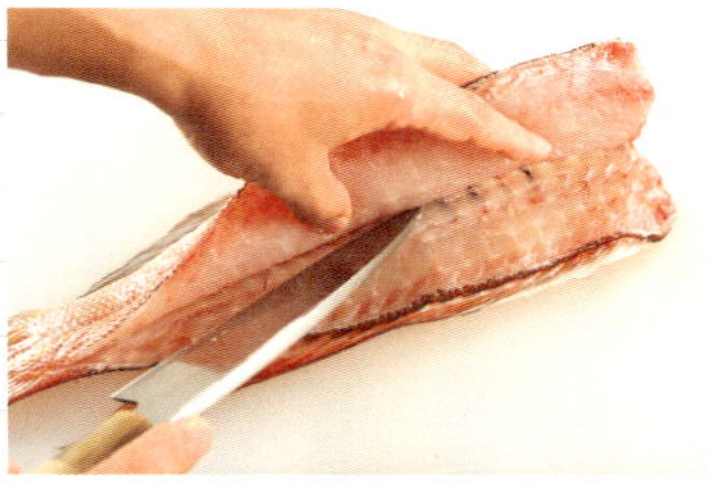

骨のついた半身を裏返し、背を手前にして置く。同様に背ビレのすぐ上に包丁を入れて中骨の上まで切り、腹骨のない尾側は中骨を越えて魚体の下側も切る。

尾を右側にし、左手で尾を押さえ、包丁をやや力強く押すようにして、中骨から腹骨を切り離す。

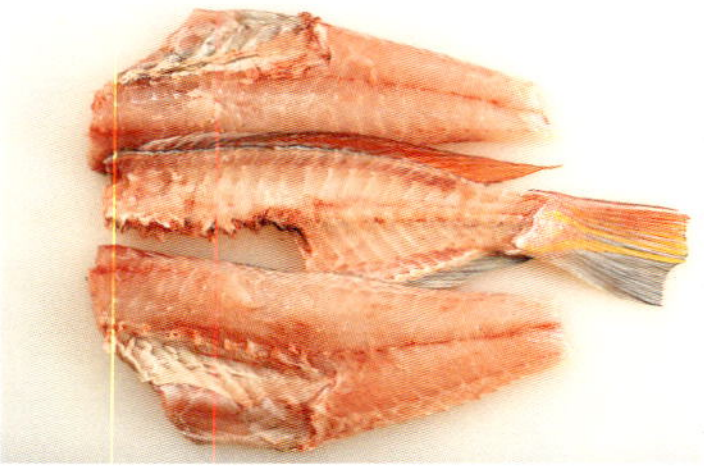

尾の付け根のつながった部分を切り離すと、三枚おろしの完成。

6 頭を半分に割る

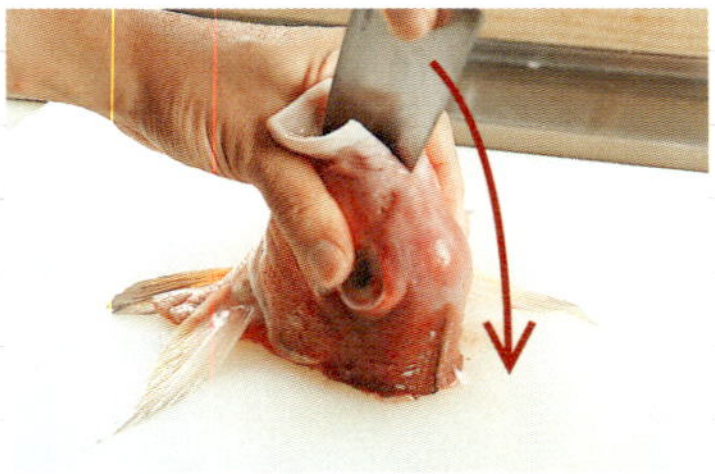

頭は背側を手前にして置き、左手で目の脇を持って安定させる。口の中に包丁の先端を差し入れ(刃先がまな板に届くまで)、そのままグッと下ろして切る。

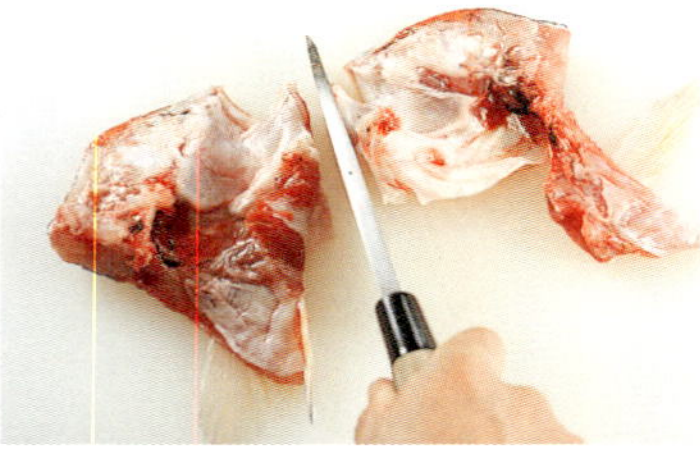

切り口から開き、あご側で半分に切る。

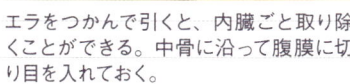

あまだいの頭の塩焼き

ねっちりとした皮がうまい。歯でこそげるようにしてどうぞ。

材料（つくりやすい分量）
あまだいの頭…1匹分
●塩
E90kcal（全量） T30分

1 あまだいの頭は縦半分に割る（16ページ手順**6**参照）。

2 **1**に薄く塩をふり、20分間以上おき、出てきた水けをしっかりふき取る。焦げやすい胸ビレをアルミ箔《はく》で覆って予熱した魚焼きグリルに入れ、焦がさないように気をつけながら、両面を香ばしく焼く。片面焼きグリルの場合は皮めから順に焼く。

あまだいの松前蒸し

あまだいにおすすめの蒸し物。昆布の産地から名付けられました。

材料（4人分）
あまだい（切り身）…4切れ
昆布…（6㎝角）4枚
春菊…1/3ワ
大根・赤とうがらし
…各適量
ポン酢しょうゆ…適量
●塩・酒
E100kcal T40分

1 あまだいは両面に薄く塩をふり（写真）、約20分間おく。

2 春菊は下部の堅い部分を切り落とし、食べやすい長さに切る。

3 器に昆布を敷き、水けをふいた**1**のあまだいを昆布の上にそれぞれのせる。あまだい1切れあたり酒大さじ1をふりかける。

4 蒸気の上がった蒸し器に入れ、中火にして10分間蒸す。ふたを取って器のあいた部分に春菊をのせ、もう一度ふたをして、さらに1～2分間蒸す。

5 赤とうがらしは種を除く。大根に菜ばしをさして穴をあけ、赤とうがらしを差し込んで、とうがらしごとすりおろす（もみじおろし）。ポン酢しょうゆとともに**4**に添える。

塩は一方の手のひらにあてて落とすようにすると、まんべんなくかかる。

あゆ

鮎

香りのよさでは群を抜く、夏の川魚です。塩焼きは内臓を抜く必要もなく、表面の水洗いだけなので、下ごしらえはないも同然。旬を味わって。

※写真は体長約13cm。

あゆの塩焼き

ヒレに施した化粧塩が美しい。たで酢は、食べる直前に酢と合わせて。

材料（4人分）とつくり方

1 たで1ワは洗って葉を摘み（正味30g）、水けをよくきる。すり鉢に入れ、塩小さじ½を加えてする。ご飯粒大さじ½（8g）を加え、なめらかになるまでよくする（たで酢のもと）。

2 あゆ8匹は表面のぬめりを取り、流水で洗う（右記参照）。全体に塩を薄くふり、さらに指先に塩をつけてヒレをはさむようにしてぬる（写真）。予熱した魚焼きグリルで香ばしく焼く。

3 あれば器に笹の葉を敷いて盛る。食べる直前に**1**と酢適量を小皿に合わせてたで酢にし、あゆの身につけて食べる。

E110kcal　T30分

指先に塩をつけてヒレをはさむようにしてぬる（化粧塩）。

おさかなMEMO

サケ目アユ科

名前

香魚、アイなどの別名もある。

さばく包丁

文化包丁

特徴

背ビレの後ろに脂ビレをもち、スラリと細身。稚魚期は海で、成魚期は河川に生息し、個体の大きさには地域差がある。産卵のため、下流へ下るものは「落ちあゆ」と呼ぶ。

1 ぬめりを取る

包丁で尾から頭に向けてこすり、ぬめりを取り除く。流水で洗い、水けをふく。

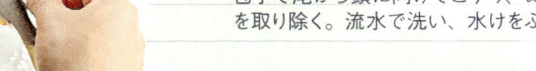

あわび

鮑

夏が旬の貝類が少ないなかで、
季節を感じさせてくれる貴重な存在。
身が茶色のメガイアワビは火を通すと柔らかく、深い味わい。
身が黒っぽいクロアワビは生食に向き、刺身や水貝などに。

おさかなMEMO

古腹足目ミミガイ科

名前
クロアワビはアオ、オガイ、
メガイアワビはビワの別名もある。

特徴・選び方
平らな一枚貝のようだが、本当は巻貝の一種。殻が薄く、重いもので"活け"を選ぶ。殻がとがっているほうに口がある。

クロアワビ

メガイアワビ

殻がとがっている
ほうに口がある

※写真は殻の長さ約12㎝。

1 塩をつけて洗う

まず、殻をたわしでこすって洗う。次にたわしに粗塩をたっぷりつけて身をこすり、ひだの間の汚れも落とす。

残った粗塩は汚れごと水で洗い流す。粗塩でこすると、身がキュッとしまる。

2 貝柱をはがす

殻のとがっているほうを手前に向けて置く。右斜め手前の、殻が薄くなっているところから、身と殻の間にしゃもじを差し入れ、殻から貝柱をはずす。安定が悪いときは、ふきんをたたんで下に敷く。

3 殻と身を分ける

殻のとがっているほうを下にして立てると、貝柱がはずれているため身が出てくる。右手を手刀にし、矢印の方向に軽くふり下ろすようにして身の上をたたく。

身が殻からきれいにはがれる。少しつながった部分は、そっと引っ張ってはがす。

この大きな貝柱（○の部分）が殻に接していたところ。殻にはワタ（内臓）が残る。

4 身の裏側を洗う

殻の内部にあった、貝柱があるほうの面を洗う。**1**と同様、たわしに粗塩をたっぷりとつけてこすり、汚れを落としてきれいに洗う。

5 口を切り取る

口の部分は、堅くて食べられない。包丁でV字形に切り込みを入れて取り除く。

6 ワタをはずす

ワタを包んでいる薄い膜を軽く引っ張り、殻からはがすとワタがはずれる。ワタは食べられるので、水できれいに洗う。

さばき終わった、あわびの食べられる部分（殻以外）。

クロアワビのワタはよく洗って一口大に切り、二杯酢をかけて食べるとおいしい。

蒸しあわび

柔らかな蒸しあわびを、
海草サラダとあえて。
おもしをすると形が整います。

材料（つくりやすい分量）
あわび（メガイアワビ）
…2コ（1コ約400g）
海草ミックス（乾）…適量
●塩・酒
E270kcal（全量）　T約3時間30分*
*冷蔵庫で冷やす時間は除く。

1 あわびは粗塩（分量外）で洗って殻からはずし、口を切り取る（20ページ参照）。バットに入れて塩少々をふり、そのまま1時間おく。

2 **1**に酒カップ1/4をかけ、ぴっちりとラップをする。蒸気の上がった蒸し器に入れ、強火で1時間30分～2時間蒸す（水がなくならないよう、時々確認して足す）。

3 **2**のあわびの上に同サイズのバットなどをのせ、2～3kgのおもしをのせながら冷蔵庫で冷やす（写真A、B）。

4 海草ミックスを水で戻し、水けをよくきる。**3**をそぎ切りにし、海草ミックスとともに器に盛る。

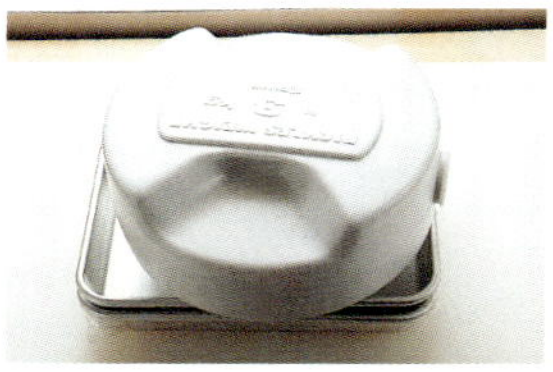

A 漬物用のおもしなどでギュッと押しながら冷やす。

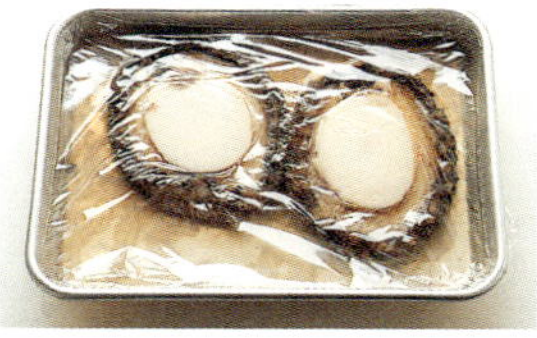

B おもしをはずすと、形が整っている。

水貝

塩水に浸して氷を浮かべて。
いかにも涼しげで、歯ごたえが楽しい一品。

材料（つくりやすい分量）
あわび（クロアワビ・刺身用）…500g
きゅうり・土佐じょうゆ…各適量
●塩
E180kcal（全量）　T20分

1 あわびは粗塩（分量外）で洗って殻からはずし、口を切り取る（20ページ参照）。1～2cm角に切り（写真A）、器に盛る。

2 水カップ1、塩大さじ1、氷適量を合わせ、**1**に注ぐ（写真B）。

3 きゅうりは皮をむき、1cm幅に切って**2**に加える。土佐じょうゆにつけて食べる。

A 歯ごたえを楽しむため、大きめのひと口大に切る。

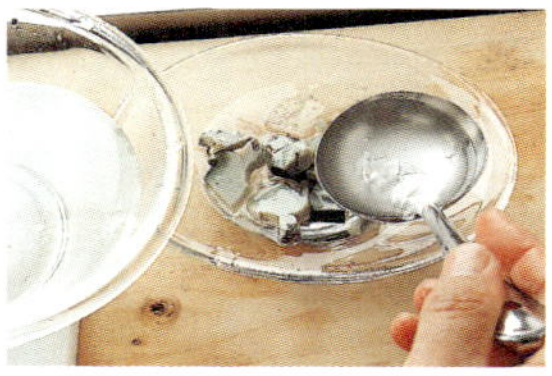

B 氷と塩水であわびをキュッとしめる。

いか

烏賊

スルメイカ

エンペラ

胴

目

このあたりに
口がある

※写真はスルメイカで
体長約35cm。

ヤリイカ

種類はさまざまあれど、食卓でおなじみなのは
やはり、するめいかや、やりいか。
おいしいワタの詰まったするめいかは、
塩辛のほか、炒め物など火を通しても美味。
皮もおいしいので、これも生かしたいものです。
やりいかは身が甘く柔らかく、刺身に向いています。
さばき方はいずれも同じです。

スルメイカ、ヤリイカの
おさかなMEMO

ツツイカ目
アカイカ科、ヤリイカ科

名前
スルメイカはマイカ、ムギイカ、
ヤリイカはササイカの別名もある。

さばく包丁
文化包丁

特徴・選び方
いずれも胴が細長い円筒形で、スルメイカはツツイカ目アカイカ科、ヤリイカは同ヤリイカ科に分類される。さばき方は同じだが、ヤリイカのワタは小さく、利用しにくい。表面の茶褐色が濃く、透明感のあるものが新鮮。

1 胴から足を抜く

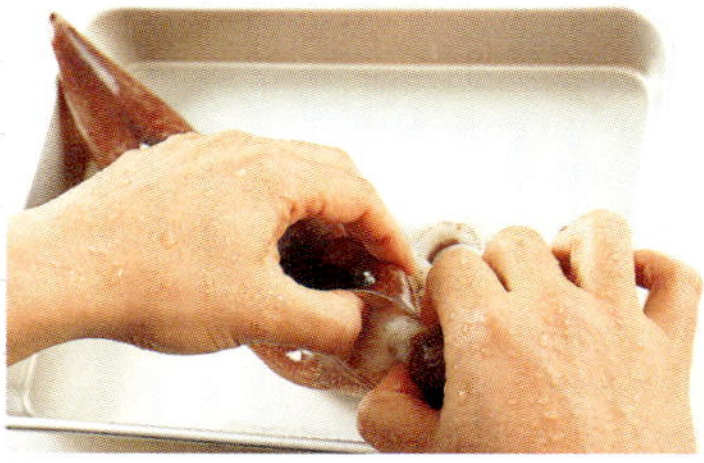

目の上の部分をしっかり持ち、反対側の手で胴を押さえる。

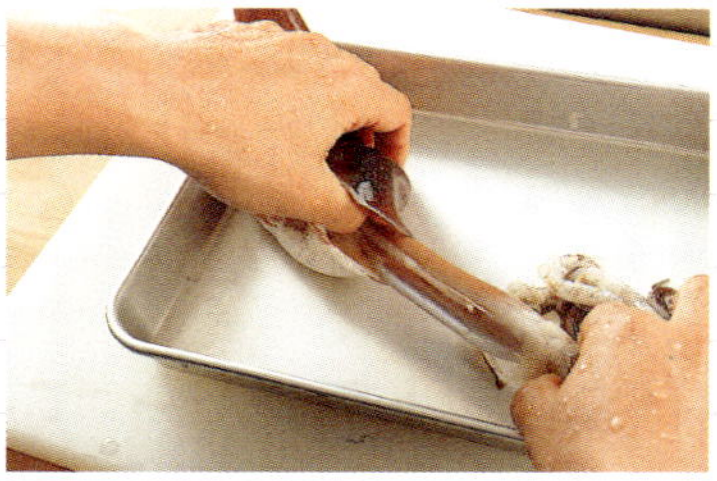

足をワタごと引き抜く。胴とつながっている部分を手でちぎると抜きやすい。

2 ワタを使うときは切り取る

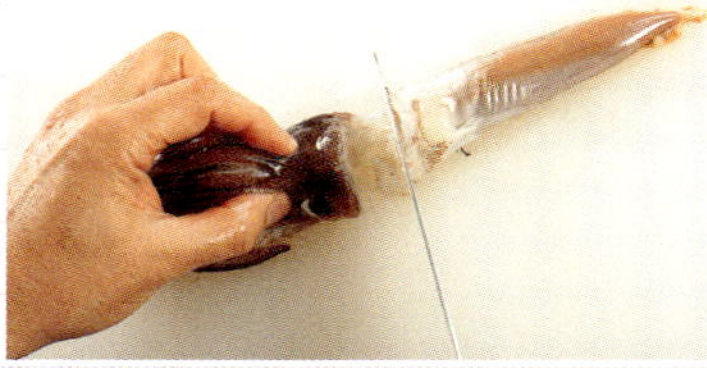

引き抜いた足の、目のすぐ上あたりでワタを切り離す。

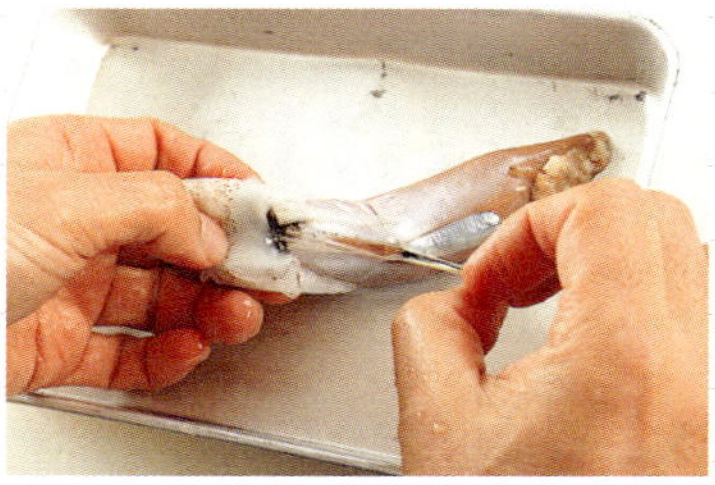

ワタについている墨袋を、足を切り離した側からつまみ、そっと引っ張ってはがし取る。墨はまな板などに付着すると落ちにくいので、袋を破らないよう注意。

3 目と口を取る

足側についている2つの目は、脇に包丁を入れて切り取る。

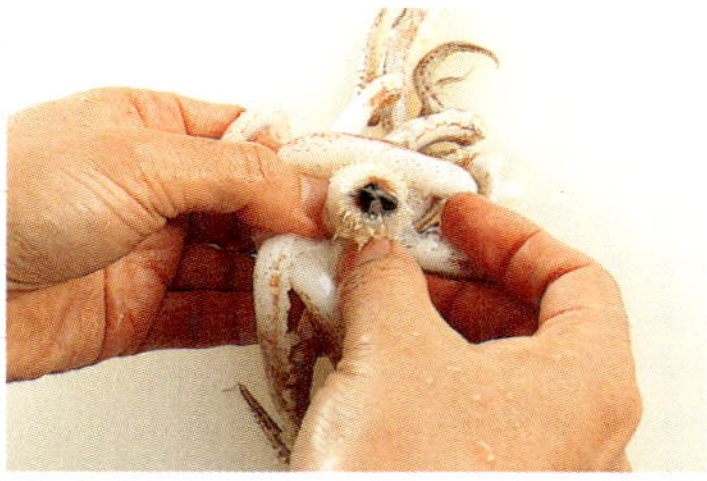

足を逆さまにし、中央についている口を両脇から親指でグッと押し出す。出た部分をちぎって取る。

4 足をきれいにする

足の吸盤には堅い殻がついているので、指でしごくようにしてすべて取る。

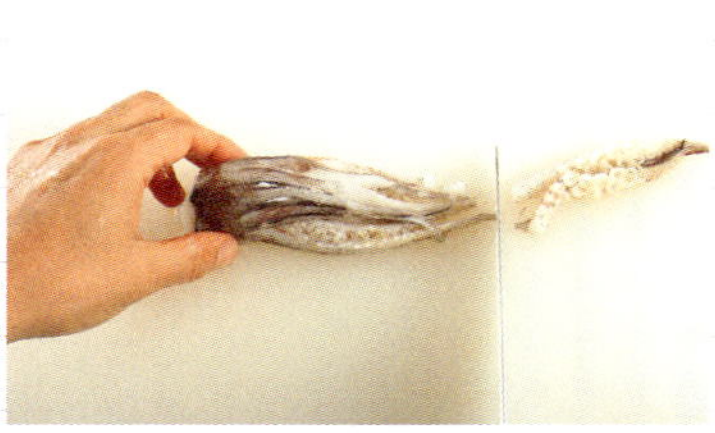

長い足2本は、ほかの足にそろえて先端を切り取る。

5 軟骨を取って洗う

胴の内側には細長い軟骨があるのでこれをはがし、胴、足ともに流水できれいに洗う。

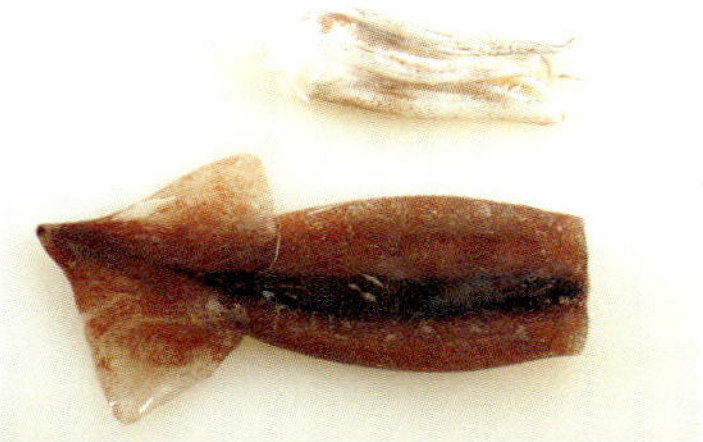

この状態になれば、あとはすべて食べられる。

6 皮のはぎ方

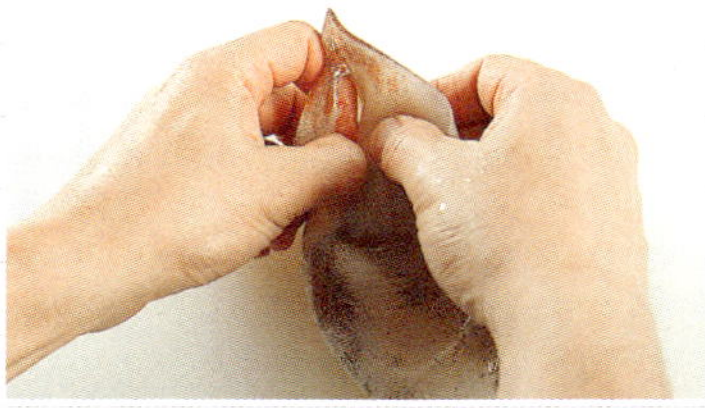

エンペラと胴の間に親指の先を入れる。

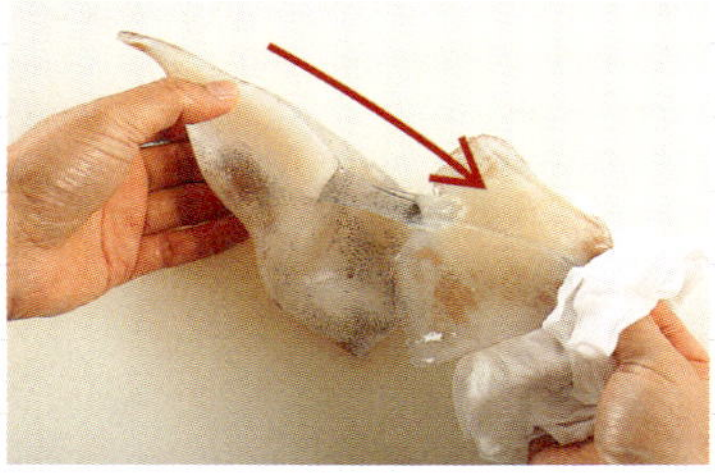

エンペラを持って胴からはがし、下に引きはがす。ふきんなどを使うとすべりにくく、作業しやすい。

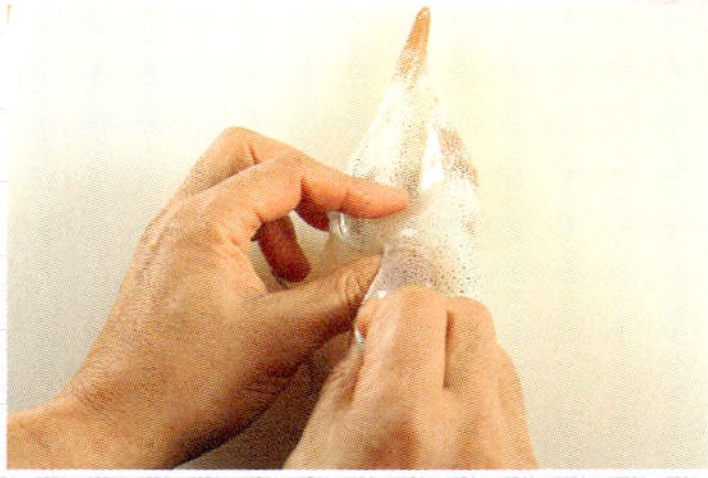

皮の裂け目に指先を入れ、胴の皮をはぎ取る。

いかの塩辛

ワタの大きなするめいかでつくりましょう。魚を塩でしめるときと同様、いかの身にも塩をきかせ、身を洗うのにも酒を使った、保存食ならではのつくり方です。

材料（つくりやすい分量）
するめいか（刺身用）
…2はい
粗塩…適量
酒…カップ1/4
一味とうがらし…適宜
●酒
E440kcal（全量）
T30分*
*ワタと身に、塩や酒をまぶしておく時間は除く。

1 するめいかは23ページの**1**〜**5**のようにさばく。皮はむかない。

2 ワタを皿などに置き、粗塩をまぶす（フライ衣をつけるくらいたっぷりと）。ラップをして冷蔵庫で半日ほどおく（写真A）。

3 胴の部分は縦に切り開き、内側をふきんなどでふく（写真B）。エンペラを取り、縦3〜4等分に切り、斜め細切りにする。エンペラも斜め細切りにし、足は1本ずつに切り離す。

4 **3**の重さをはかり、その約5％の粗塩と酒を加え（写真C）、よく混ぜてラップをして、冷蔵庫で約半日おく。

5 **4**にヒタヒタ程度の酒（分量外）を加えて身を洗う。そのままおき、食べてみて薄い塩味を感じる程度になるまで塩けを抜く。ざるに上げて水けをよくきり、ボウルに移す。

6 **2**の粗塩を流水で流し、水けをふいて半分に切る。ワタの中身を**5**に絞り出して加え、全体をよく混ぜ合わせる。好みで一味とうがらしを加える。

保存　冷蔵庫で約1週間。

A できれば皿を傾けておくと、ワタから出た水けに再び浸ることがない。

B 薄い膜などが残っていたら、きれいにはがしておく。

C 水けとともに生臭みを抜き、うまみを凝縮させる。

いかの細造り

とびきり新鮮ないかで。寄生虫の心配があるので、細く切ります。

材料（つくりやすい分量）
するめいかの胴（刺身用）…1ぱい分
青じそ・しょうが…適宜
●しょうゆ
E110kcal（全量）　T20分

1 するめいかの胴は皮をむき、エンペラがついていたところで、まっすぐに切って開く（写真A）。

2 内側を堅く絞ったぬれぶきんできれいにふく。膜のような薄い皮があるので、これをむく。ふきんなどでつまんでむくと作業しやすい。

3 胴の下端を切り取る（写真B）。横2～3等分に切り、それを縦になるべく細く切る。

4 器に青じそを敷いて**3**を盛り、すりおろしたしょうがを添える。しょうゆをつけて食べる。

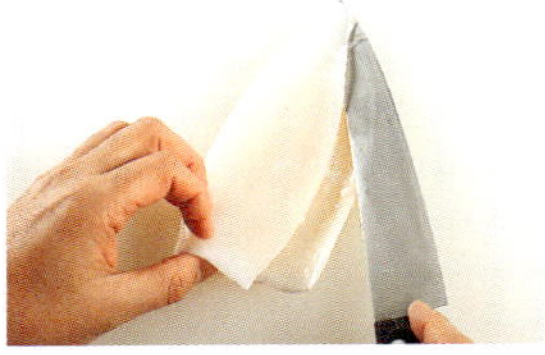

A 切る部分を右に向けてつぶしておき、包丁を差し入れて切る。

B まっすぐに切っておくと美しく仕上がる。

いかのワタ炒めとバター焼き

新鮮なワタをからめたコクうまの炒め物。バターの香りもよく合います。

材料（つくりやすい分量）
するめいか…1ぱい
A　みそ…10g
　　しょうが…10g（すりおろす）
●バター・塩・サラダ油
E410kcal（全量）　T25分

1 するめいかは23ページの**1**～**5**のようにさばく。皮はむかない。

2 胴の部分はエンペラをつけたまま7～8㎜幅の輪切りにする。足は1本ずつに切り離し、3㎝長さに切る。ワタはブツ切りにする。

3 フライパンにバター10gを中火で溶かす。いかの胴を入れて両面をサッと炒め、塩少々をふる。

4 フライパンをきれいにしてサラダ油大さじ1/2を中火で熱し、いかの足を炒める。表面の色が変わったらワタを加えて炒め、Aを加えて炒りつける。最後にバター5gを加えてからめる。あれば器に青じそを敷き、**3**とともに器に盛る。

コウイカの
おさかなMEMO

コウイカ目コウイカ科

名前
スミイカ、ハリイカの別名もある。
さばく包丁
文化包丁
特徴
肉厚で柔らかく、生食のほか焼き物などにも向く。多量の墨の入った大きな墨袋があるので、身をなるべく汚さないようにする。

※写真は体長約23cm。

胴のまわりをグルリと
エンペラが囲む、
独特の形が特徴のこういか。
するめいかのような
柔らかい軟骨ではなく、
堅い甲が入っているため、
さばき方が異なります。

1 甲を抜き取る

表側の胴の中央に、まっすぐ縦の切り目を入れる。

切り目から広げて、甲を抜き出す。

2 胴から足を抜く

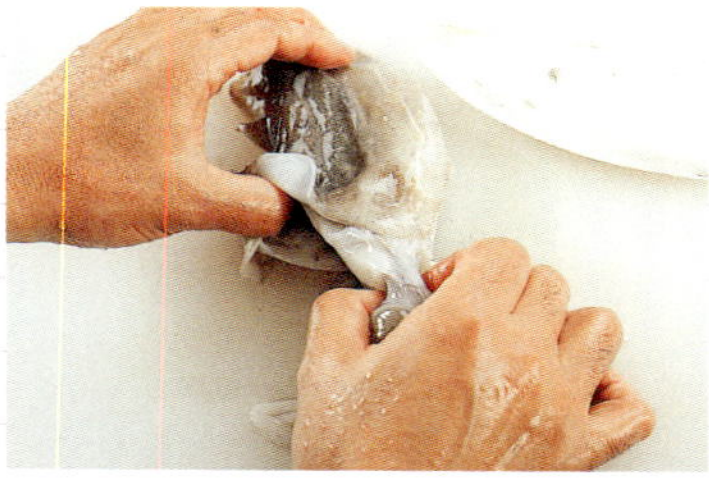

目の上の部分を持ち、反対側の手で胴を押さえて、足をワタごと引き抜く。

3 胴を洗う

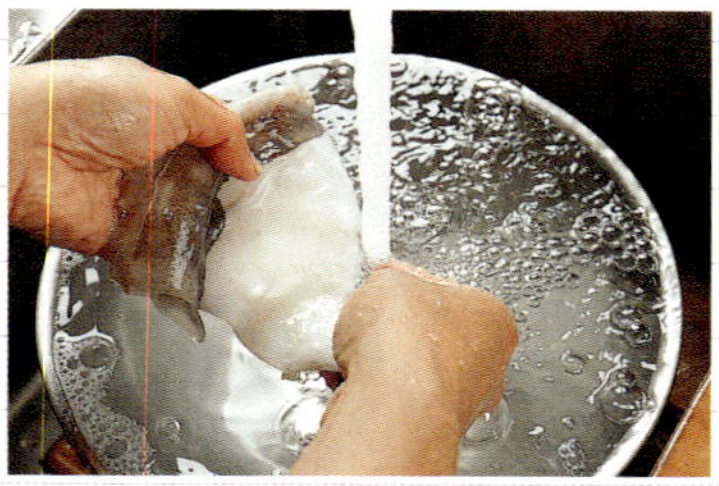

胴の内側に残った内臓などを除き、しっかり洗って水けをふく。

4 墨袋を取る

墨袋の端をつまみ、そっと引っ張ってはがす。墨は付着すると落ちにくいので、流水の下で洗いながら作業してもよい。

5 目と口を取る

目の脇に包丁を入れ、切り取る。

足を逆さまにし、中央についている口を両脇から親指でグッと押し出して取る。

6 足の殻を取る

吸盤を指でしごくようにして、堅い殻を取り除く。

甲(右)、足と内蔵(中)、胴(左)に分けられた。

7 皮をむく

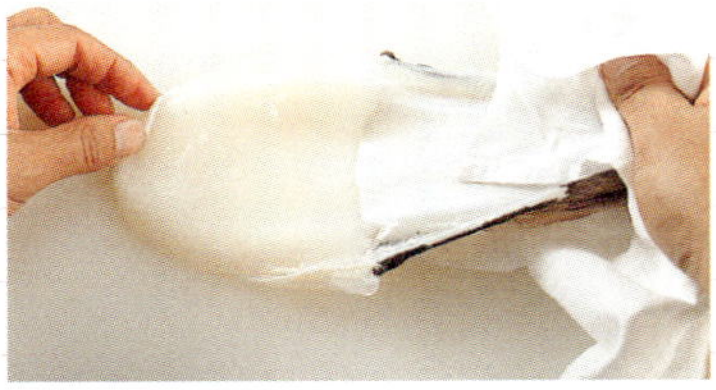

刺身で食べるときは皮をむく。ふきんなどでつまんで引くと、簡単にむける。

内側に残った膜状の薄い皮なども取り除く。

こういかの刺身2種

胴は生のまま、足はサッとあぶって。食感やうまみ、甘みも違います。

材料（つくりやすい分量）

こういか（刺身用）…1ぱい

きゅうり…1本

芽じそ…適量

しょうが…適量（すりおろす）

●しょうゆ

E120kcal（全量）　T25分

1 こういかは26〜27ページのようにしてさばく。

2 きゅうりは5〜6㎝長さに切って、かつらむきにし、クルクルと巻いて小口からごく薄く切る。芯《しん》の部分は薄切りにする。水にさらしてシャキッとさせ、水けをよくきる。

3 胴の下端を切り取り、表側を上にして置いて、斜めに約2㎜幅に切り目を入れる。横3〜4等分に切ってからそぎ切りする。

4 足は3㎝長さに切り、焼き網にのせて軽くあぶる。

5 器に**2**、**3**、**4**を盛り、芽じそとすりおろしたしょうがを添える。しょうゆをつけて食べる。

おさかなMEMO

スズキ目イサキ科

名前
イサギ、イッサキの別名もある。

さばく包丁
文化包丁

特徴・選び方
魚体に入る黒と茶の縞模様は、若いほどくっきりとしている。目に透明感があり、見た目に美しいものがよい。骨が堅いので、さばかない調理が楽。

※写真は体長約18cm。

鶏魚

いさき

一匹魚としてよく見かけるいさき。特に梅雨どきから初夏にかけておいしい魚です。切り分けずにそのまま焼いたり、煮たりと食卓にのせやすい大きさもうれしい。味わうなら、なんといっても塩焼きが一番。

1 ウロコを取る

体の表面やヒレの付け根などを包丁の刃でこすり、ウロコをしっかりと取る。

2 エラを取り除く

エラぶたを持ち上げて包丁を差し入れ、カマに沿ってついている薄い膜を切る。頭を右、腹を上にし、スプーンなどの柄をエラぶたの中に差し込む。

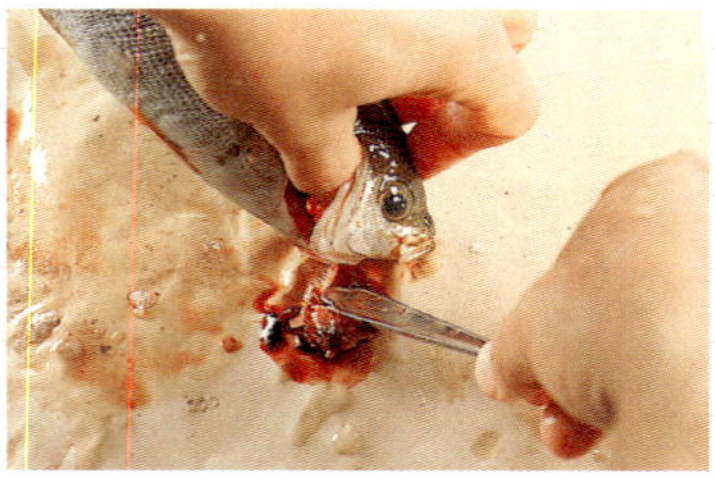

柄の先をエラに引っ掛け、そのまま魚体を手前に倒してエラを引き出す。

3 切り目から内臓を出す

頭を右にし、胸ビレを持ち上げて、胸ビレの付け根付近から4～5cm長さの切り目を入れる。

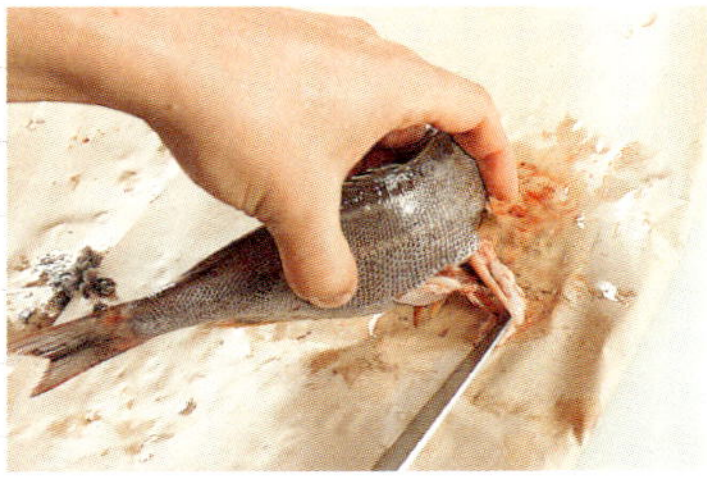

包丁の先を入れて内臓を引っ掛け、外へ引き出す。

4 洗って水けをふく

流水で表面に残ったウロコを流し、エラぶたの中にも水を入れて、きれいに洗う。

いさきの塩焼き

いさきはやっぱり焼き物が一番。
しっとり、ほっくりの白身です。

材料（4人分）

いさき…4匹（1匹180～200g）
粗塩…適量
大根おろし…適量
すだち…2コ
●しょうゆ
E130kcal　T30分

1 いさきはウロコとエラを取り、内臓を抜いて洗い、水けをしっかりとふく（28～29ページ参照）。

2 頭を左にしておき、皮めに斜めの切り目を1本入れる（写真A）。全体に粗塩を薄くふる（写真B）。

3 魚焼きグリルを熱し、切り目の面を上にしていさきを入れ、両面をこんがりと焼く。途中、胸ビレ、尾ビレなどが焦げそうになったら、アルミ箔《はく》で包む。器に盛って大根おろし、半分に切ったすだちを添え、しょうゆ適量をかけて食べる。

A 見栄えがよく、火の通りもよくなる。

B 背ビレに粗塩をぬって立てておくと見栄えがよくなる（化粧塩）。

いせえび

伊勢海老

おさかなMEMO

十脚目イセエビ科

さばく包丁

料理ばさみ、出刃包丁

特徴

産卵期は6～8月で、この時期は禁漁となる漁場が多い。いちばん後ろの足先がはさみ状になっているのはメス。

※写真は体長約35㎝。

姿のおめでたさから、正月など特別な機会に使われることの多いいせえび。身のプリプリとした弾力が身上なので まずはお造りで。殻のうまみも生かしましょう。

1 頭側を切り離す

頭側を左手で押さえ、円筒形の殻の下に包丁を差し入れる。殻に沿ってグルリと動かし、つながった膜を切る。

※元気よく動いているときは、氷詰めにしておとなしくさせておく。

頭側から腹側を抜くようにして分ける。卵があれば、腹からはずしておく。

2 背ワタを抜く

尾の付け根に包丁をあて、殻の下の膜の部分を切る。

包丁で尾を押さえ、腹の部分を引くと、背ワタが抜ける。

いせえびの刺身とみそ汁

プリプリの身は刺身に、
頭はうまみたっぷりのみそ汁に。

材料（4人分）
いせえび（刺身用）…1匹（400g）
昆布…（10㎝角）1枚
みそ…50g
海草ミックス（乾）…適量（水で戻す）
温泉卵の黄身（市販）…2コ分
●しょうゆ
E60kcal（刺身）、E35kcal（みそ汁）
T30分

1 いせえびは下記のようにさばき、身を取り出す。

2 みそ汁をつくる。いせえびの頭は6つから8つに切り分け、鍋に入れる。昆布、水カップ5を加えて火にかけ、沸騰したら弱火にし、アクを取って2〜3分間煮る。みそを溶き入れ、煮えばなを椀《わん》に盛る。

3 刺身をつくる。いせえびの殻は洗って熱湯にサッと通し、色よくする（器に使用）。身は食べやすい大きさに切り、氷水でしめて、水けをしっかりときる。いせえびの殻に盛りつけ、水けをきった海草ミックス、温泉卵の黄身とともに器に盛る。温泉卵をくずし、いせえびの身にしょうゆとともにつけて食べる。

3 腹側の殻をはがす

腹は内側を上にして縦に置く。腹側の半透明の殻の左右に、料理ばさみを入れて切る。

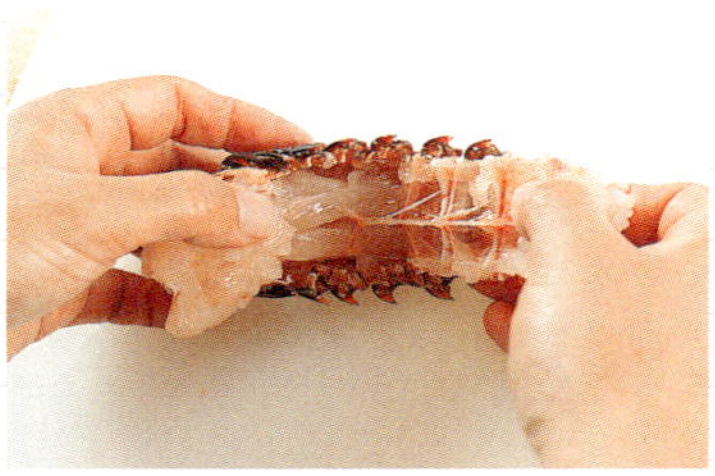

切り離した半透明の殻を身からはぎ取る。

4 殻から身をはずす

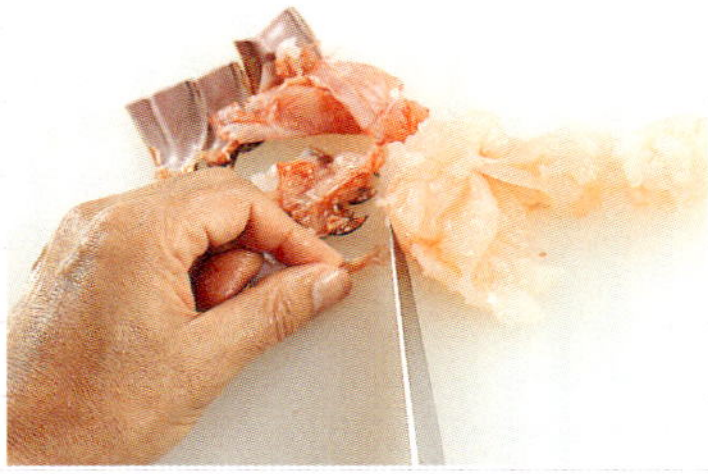

身をそっと持ち、引っ張って、堅い殻からはずす。ワタなどが残っていれば取り除く。

身に薄皮が残っていれば取り除く。

5 頭を半分に割る

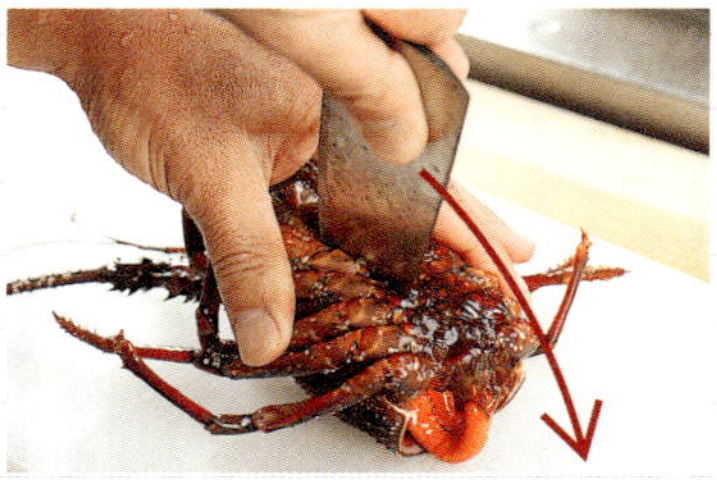

頭は足を上にして置き、左右の足の間で縦半分に切る。まず、包丁の先を差し込み、刃をグッと下ろす。

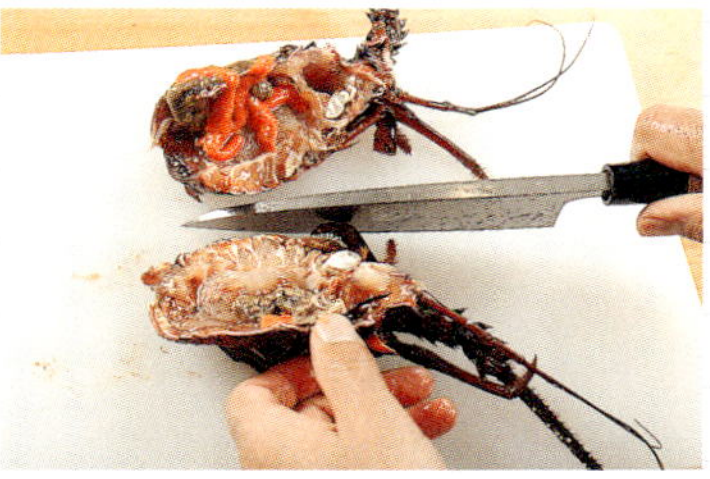

包丁を抜いて頭の向きを変え、頭の先端も同様にして半分に割る。ひげ（触角）は短く切っておく。

疣鯛

いぼだい

鮮魚だけでなく、干物でもおなじみですが、お総菜としていちばんおすすめなのはから揚げ。淡泊ながらしっとり、ほっこりとした白身は、揚げてもパサつくことがありません。骨が柔らかく、頭までおいしくいただけます。

おさかなMEMO

スズキ目イボダイ科

名前
えぼだい、しず、うぼぜなど、地域によりさまざまな呼び方がある。

さばく包丁
文化包丁

特徴・選び方
頭の近くの斑紋が名前の由来といわれる。ウロコははがれやすく、店頭に並ぶ時点では、ほとんど残っていない。身が厚く、ぬめりがあるものがよい。

※写真は体長約18cm。

1 頭を切り離す

ウロコはほとんどついていないが、包丁で魚体の表面をこすって、ぬめりや汚れを取る。

胸ビレをつけて、頭を斜めに切り離す。

2 内臓を除いて洗う

表面の汚れを水で洗い、頭側の切り口から内臓を引き出して除き、指を入れて腹の内側も洗う。切り離した頭も洗う。

腹の中にもふきんを入れて、外側、内側ともに水けをよくふく。

いぼだいのから揚げ

頭やヒレはカリッとして、
身はほっこり柔らか。
中国風の下味にしっかり浸して。

材料（4人分）
いぼだい…2匹（1匹200g）
下味
　紹興酒*…大さじ2
　しょうゆ…大さじ2
ししとうがらし…8本
　（竹ぐしで穴をあける）
●小麦粉・揚げ油
E210kcal　T40分
*なければ酒でもよい。

下味に20分間つけ、ここでしっかりと味をつけておく。

1 いぼだいは頭を切り離し、内臓を取って洗い、水けをしっかりとふき取る。身は3〜4㎝幅に切り、頭は半分に割ってエラを除く（右記参照）。

2 ボウルに**1**を入れ、下味の紹興酒、しょうゆを順にふってからめる。そのまま20分間ほどおく（写真）。

3 **2**の汁けを紙タオルでふき取り、小麦粉を全体に薄くまぶす。170℃に熱した揚げ油に入れ、7〜8分間かけてじっくりと揚げる。途中でししとうがらしを入れ、色が鮮やかになるまでサッと揚げて取り出す。いずれも油をよくきって器に盛る。

3 身を切り分ける

魚体を3〜4㎝幅に切り分ける。いぼだいは骨が柔らかく、普通の文化包丁でも中骨が切れる。

4 頭を半分に切る

頭は切り口を下に、背側を手前にしてまっすぐに置き、包丁で縦半分に切り分ける。

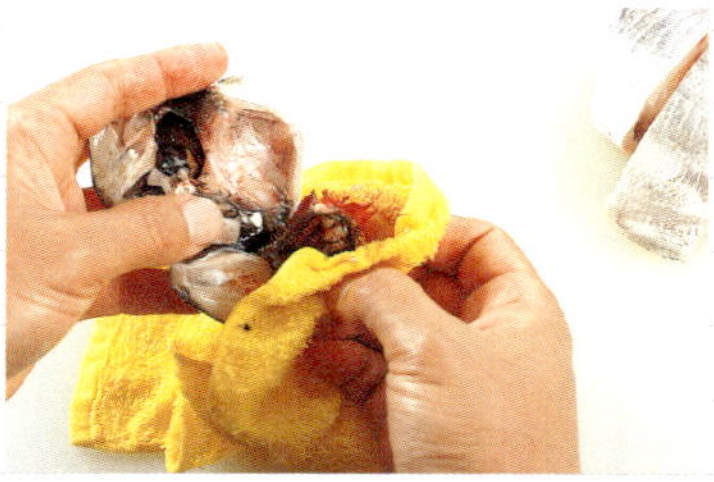

ふきんなどでエラをつかみ、引いて取り除く。

下処理の完成。断面を見ると、中骨はとても細く、切りやすいことがわかる。

いわし

鰯

古くから庶民に親しまれてきた青魚の代表格。豊漁、不漁が10年周期で変わるといわれます。関西では小羽や中羽をよく食べますが、関東では中羽や大羽が一般的です。中羽サイズまでは、包丁を使わずに簡単に手開きでさばけます。覚えておけばカレー風味の天ぷらにしたり、ソテーにしたりと、お総菜の幅がグンと広がりますね。

おさかなMEMO

ニシン目ニシン科

名前

一般にいわしと呼ばれる種類（写真）は、和名マイワシ。魚体側面に並ぶ黒点（一般に7つ以上）からナナツボシの別名も。

特徴・選び方

料理によって大きさを選ぶ。小羽は10〜12cm、中羽は15cm前後、大羽は18cm以上の体長が目安。鮮度落ちが早いので、腹から排せつ腔にかけてハリがあり、目が澄んでいて、少しでもウロコが残っているものを選ぶ。

※写真は大羽いわしで体長約21cm。

1 頭と腹を切る

いわしは身が柔らかいので、頭を持って押さえる。包丁の刃を軽くあてて尾から頭に向けて動かし、ウロコを取る。

胸ビレごと頭を垂直に切り落とし、頭側を上にして置く。頭の切り口の中央よりやや右から排せつ腔に向かって、斜めに腹を落とす。ここは堅い小骨が多い部分。

2 内臓を出して洗う

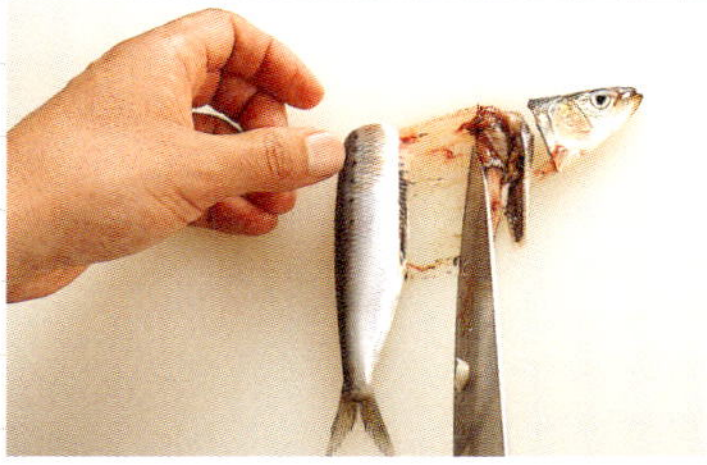

切り口から内臓をすべてかき出す。

流水で手早く洗う。中骨の下の血合い(筋状の血の塊)も、指先でこすってきれいにする。水けをしっかりとふき取る。

3 指先で開く

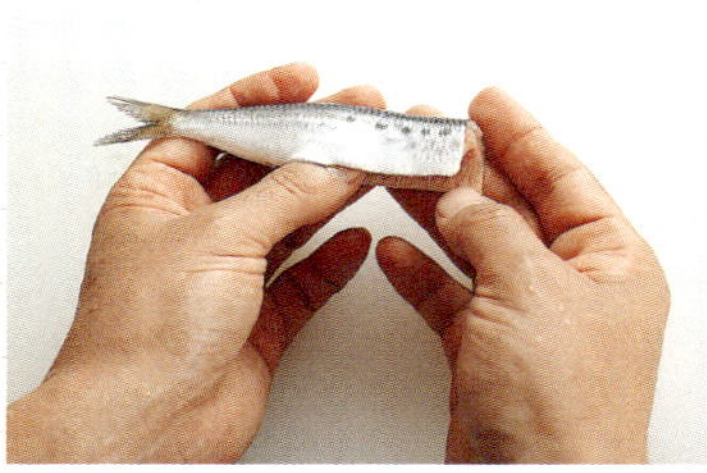

両手のひらの上にいわしをのせ、腹の切り口の中に左手の親指を入れる。

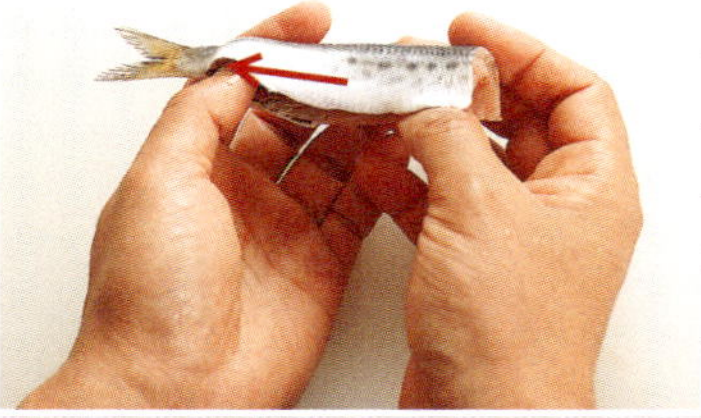

つめの先を中骨の上にひっかけるようにし、中骨に沿って左へすべらせる。

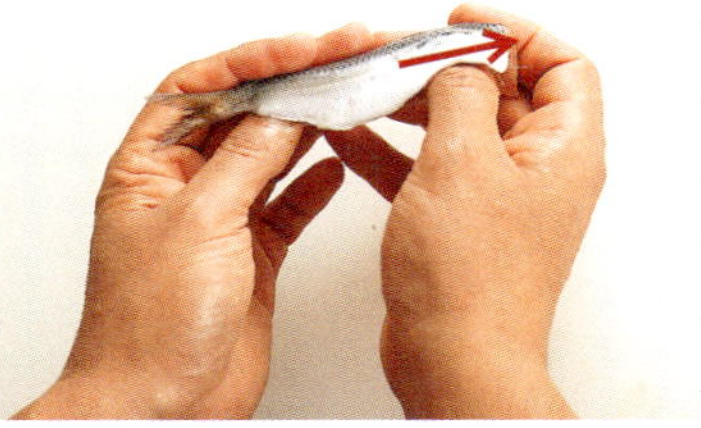

同様にして右手の親指を右へすべらせると、上側の身を中骨からはずせる。

半身が中骨からはずれた。

4 中骨を取る

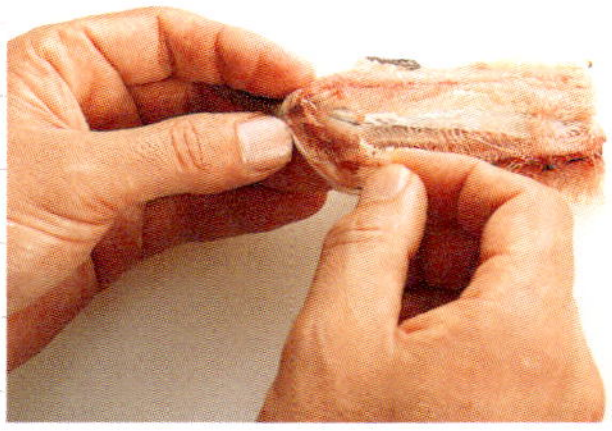

尾ビレの付け根で中骨を折り、端を持ち上げる。

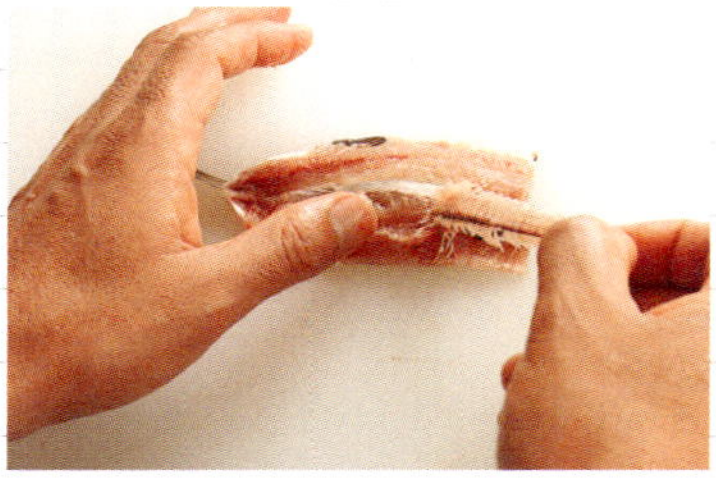

そのまま頭側に向かってゆっくりと引き、身からはずす。乱暴に引っ張ると、身が中骨に多くついてしまうので、ていねいに行う。

5 手開きが終わった状態

中骨に小骨がたくさんついていることがわかる。腹骨が残っているが、中羽いわしなら、このままかば焼きや天ぷらにしても気にならない。刺身で食べる場合はそぎ取る。

いわしのかば焼き

フライパンで焼いて甘辛の合わせ調味料をからめるだけ。白いご飯によく合うので、丼にするのもおすすめ。

材料(4人分)

中羽いわし…12匹(600g)

合わせ調味料

- しょうゆ…大さじ3
- 酒・砂糖…各大さじ2⅓
- みりん…大さじ1½

青じそ…適量

白ごま…適量

●小麦粉・サラダ油

E250kcal　T30分

両面にほどよい焼き色がつくころには、火が通っている。

1 いわしはウロコを取って頭と内臓を除き、手開きにして中骨を除く(35ページ参照)。開いた身の側にだけ小麦粉を薄くまぶし、余分な粉をはたき落とす。

2 合わせ調味料を混ぜ合わせておく。青じそはせん切りにする。

3 フライパンにサラダ油大さじ1を中火で熱し、**1**の身側を下にして並べ入れる。ほどよい焼き色がついたら裏返し、皮側も焼く(写真)。

4 フライパンの油脂を紙タオルなどでふき取り、**2**の合わせ調味料を回し入れる。フライパンを回して全体にからませるようにしながら、照りよく仕上げる。

5 器に盛って青じそをあしらい、白ごまを散らすか、温かいご飯の上にのせて、丼物にするのもよい。

小いわしの辛煮

梅干しとしょうがの風味をきかせた常備菜。最初に酢水で煮るので、柔らかく仕上がります。

材料（つくりやすい分量）
小羽いわし…1kg
しょうが…70g
梅干し…3〜4コ（50g）
うす口しょうゆ…カップ$\frac{1}{4}$
●酢・酒
E1800kcal（全量）
T約2時間30分*
*冷ます時間は除く。

1 しょうがは皮をむいてせん切りにする。

2 いわしはウロコを取り、胸ビレごと頭を落とし、尾ビレを切り取る。内臓を抜き（写真A）、流水で洗い、水けをよくきる。

3 鍋底にいわしを放射状にていねいに並べ入れる。ひと並べしたら、もう1段重ねて並べる。

4 3にしょうがを散らし、酢カップ1、水カップ2を加えて強火にかける。煮立ったらアクをていねいにすくい取り、水でぬらした落としぶたをして、弱めの中火で約50分間、煮汁がほとんどなくなるまで、ゆっくりと煮る（写真B）。

5 4に梅干しを大きくちぎって散らし入れ、酒カップ$1\frac{1}{2}$を加えて、再び強火にする。煮立ったらアクを取って弱火にし、再び落としぶたをして、さらに30分間煮る。

6 うす口しょうゆを加え、さらに弱火で30分間、煮汁がほとんどなくなるまで煮る。この間、時々煮汁をいわし全体に回しかける。

7 火を止め、そのまま動かさずに粗熱が取れるまで冷ます。平らなざるなどに並べ、汁けをしっかりときって完全に冷まし、保存容器に移す。

保存　冷蔵庫で約10日間もつ。

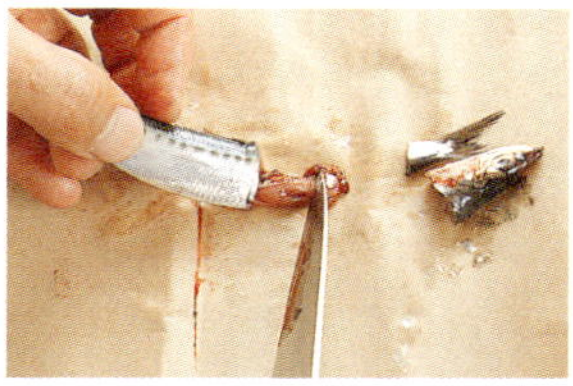

A 包丁の先で内臓を押さえ、魚を引くと、スルリと内臓が抜ける。

B 酢で煮ることで骨まで柔らかくなり、クセもおさえられる。

おこぜ

虎魚

※写真は体長約15cm。

おさかなMEMO

カサゴ目オニオコゼ科

名前
一般におこぜと呼ばれる食用の種類（写真）は、和名オニオコゼ。

さばく包丁
出刃包丁

特徴
ウロコがなく、胸ビレの前に、ヒレが変化した足状の軟条がある。背ビレのとげに毒があり、市販時には切り取られていることも多い。

見た目の醜さから想像できないような、クセがなく上品な味わいです。大きければ鍋物や薄造りの刺身に、小ぶりなら丸ごとから揚げにするのが手軽。背ビレは必ず最初に切り取りましょう。

1 背ビレを切り落とす

背ビレに毒があるので、背ビレがついていたら口の部分をもって扱う。

魚体を横にして置き、背中の皮を少しつけて、背ビレを切り落とす。

2 エラと内臓を抜く

エラぶたを持ち上げて包丁の先を入れ、つながった膜を切る。

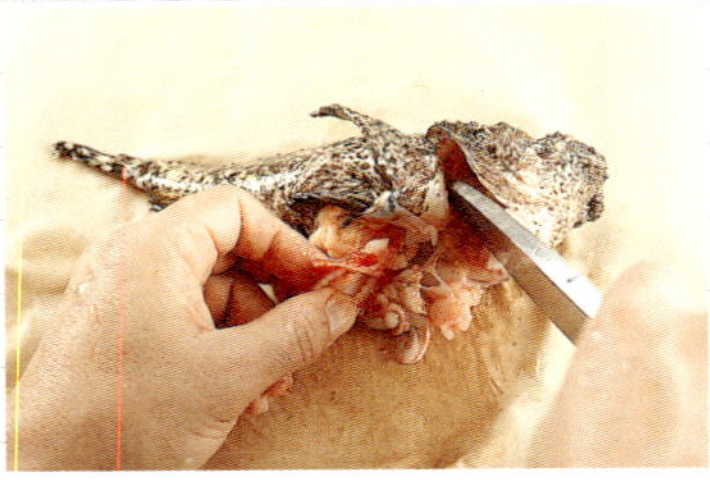

エラを持って引き、取り除く。内臓の一部がついてくる。

おこぜのから揚げ

中骨の両脇に切り目を入れると
1匹丸ごとでも
しっかり火が通ります。

材料(4人分)

おこぜ…4匹(1匹150～200g)

つゆ*

- しょうゆ・みりん…各カップ⅓
- 水…カップ1⅓
- 昆布…(8㎝角)1枚
- 削り節…10g

大根・赤とうがらし…各適量

●小麦粉・揚げ油

E220kcal　T50分

*余ったら冷蔵庫で3～4日間保存できる。

1 つゆの材料をすべて鍋に入れて火にかける。ひと煮立ちしたら火を止め、ざるでこして冷ます。

2 赤とうがらしは種を除く。大根に菜ばしを刺して穴をあけ、赤とうがらしを差し込んで、とうがらしごとすりおろす(もみじおろし)。

3 おこぜは下記**1**～**3**のようにしてさばく。中骨の両側に切り込みを入れ(写真A)、左右の身に約2㎝幅の切り目を入れる(写真B)。

4 おこぜに小麦粉をまぶし(写真C)、余分な粉をはたく。160℃に熱した揚げ油に入れ、8～10分間かけてじっくりと揚げる。油をよくきり、器に盛って**1**、**2**を添える。

A 中骨の両脇に包丁を入れ、腹の皮の近くまで切る。

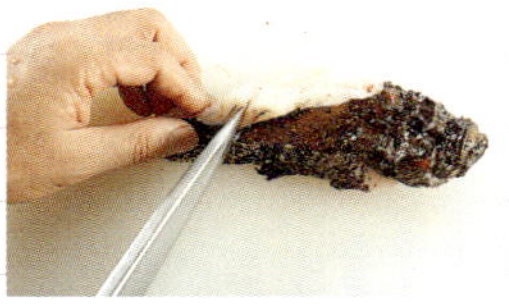

B 身にも切り目を入れ、火の通りをよくする。

C 背の切り目の間や、腹の内側にもしっかりとまぶす。

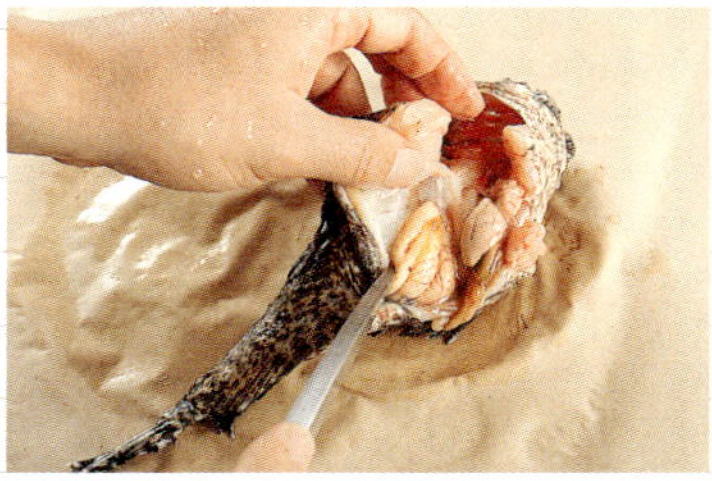

腹の中央に排せつ腔まで包丁を入れ、残っている内臓を除く。

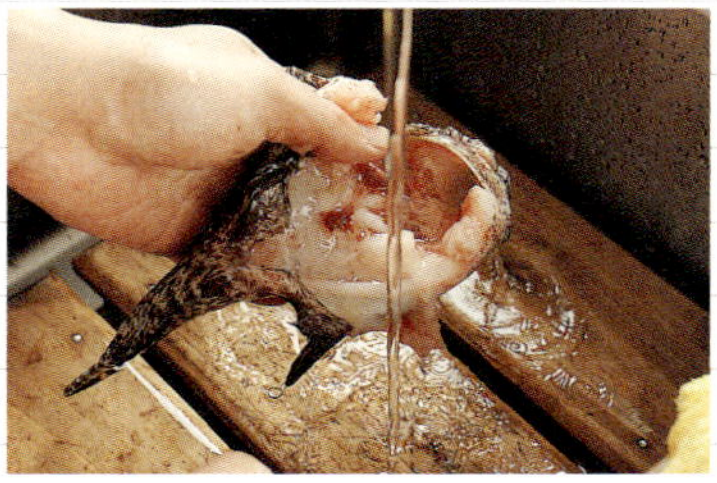

流水で洗う。ウロコはないが、表面をこすってぬめりなどを落とす。腹の内側もよく洗い、水けをふき取る。

3 背ビレを抜き取る

背を上にして置く。背ビレの基部が残っているので、その両脇に沿って包丁を入れ、切り込む。

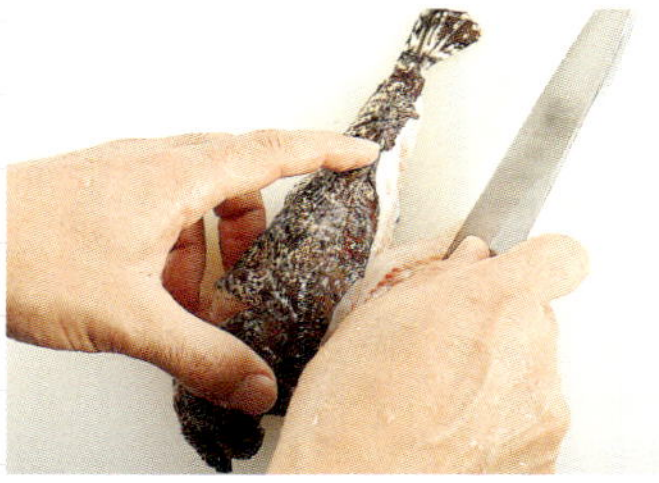

魚体を倒して背側を右にし、包丁の刃元で背ビレの端を押さえる。魚体を引きはがすようにして、背ビレ全体を抜く。

かき

牡蠣

フランス人は、貝の中で唯一、かきを「生で食べるのが一番」と考えているとか。洋風にも和風にも、さまざまな食べ方ができます。

※写真は殻の長さ約12cm。

1 殻を開ける

ふきんの上にかきを置く。ちょうつがいの部分に貝むきを差し込み、ひねってはずす。

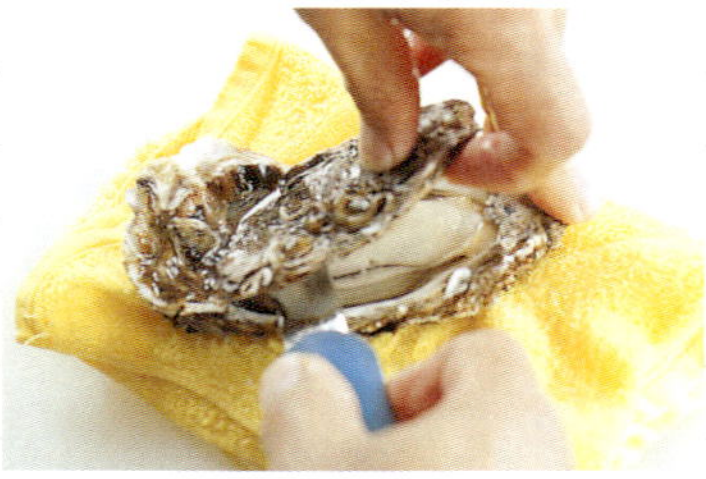

ちょうつがいがはずれたら、貝むきを上側の殻に沿わせるようにして貝柱をはずす。はずれたら、下側の殻からも貝柱をはずす。

おさかなMEMO

ウグイスガイ目イタボガキ科

さばく包丁

専用の貝むきを使う。

特徴・選び方

冬に出回るマガキ（写真）のほか、夏が旬のイワガキも有名。生食用、加熱用があり、貝毒の心配があるため、生や半生で食べる場合は、必ず生食用を求める。

生がき

滋味あふれる
海のミルクを
さっぱり
ポン酢しょうゆで。

材料（4人分）とつくり方

1 殻付きのかき（生食用）12コは殻をたわしでこすり、よく洗う。貝むきで殻をあける（右記参照）。

2 器に、あればわかめ（塩蔵。飾り用）適量を敷いて**1**のかきを並べる。ポン酢しょうゆ、もみじおろし（つくり方はP.39参照）各適量を添える。

E40kcal　T20分

かつお

鰹

新緑の季節にふさわしい、若々しい香りの初がつお。
秋には一回り大きく育ち、脂がのった戻りがつおに。
どちらもそれぞれに、味わい深いものです。
かつおは鮮度落ちが早いので、
とにかく新鮮なものを求めるようにしましょう。
あっさりした背節、脂ののった腹節と切り分ける、
節おろし(五枚おろし)というさばき方を紹介します。

おさかなMEMO

スズキ目サバ科

名前
春から初夏にとれるものを「初がつお」、秋口にとれるものを「戻りがつお」と呼ぶ。

さばく包丁
出刃包丁

特徴・選び方
腹部のしま模様が特徴。しまがはっきりと出て、新鮮なものを選ぶ。背ビレは長く、2つに分かれていて、尾側には小さな突起が並ぶ。ウロコは魚体の前部にのみ、堅い皮のような状態でつく。

※写真は体長約58㎝。

1 血抜きをする

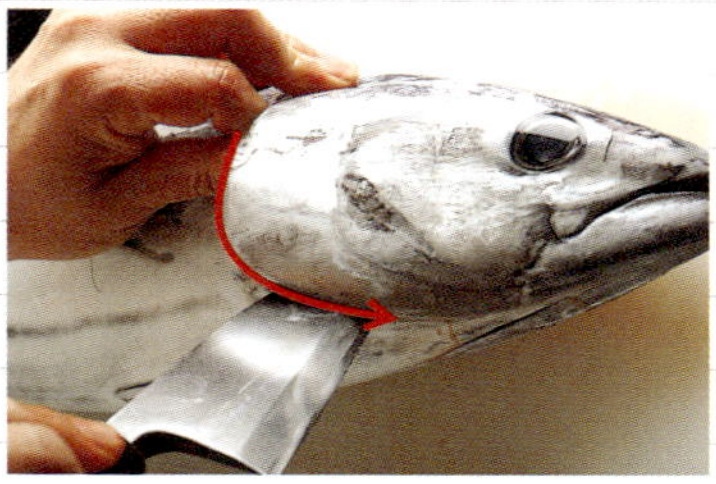

エラぶたを持ち上げ、エラとカマの間にグルリと包丁を入れる。

エラぶたの内側に流水を注ぎ入れる。水の赤みが薄くなるまで続けて、血を抜く。

胸ビレと背ビレの周辺（上写真青色部分）に堅い皮のようなウロコがある。

2 ウロコをそぐ

頭を右にして置き、左手で尾の付け根を押さえる。包丁をねかせて入れ、ウロコをそぎ落とす。

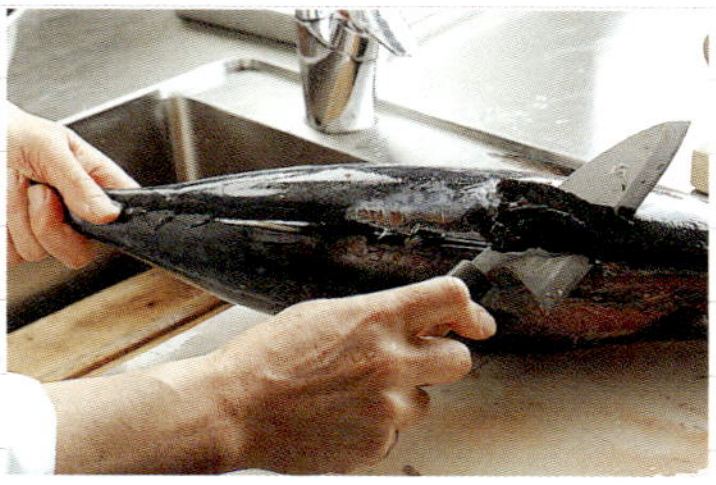

背ビレの周辺、裏側も同様にしてウロコをそぐ。

3 頭を切り落とす

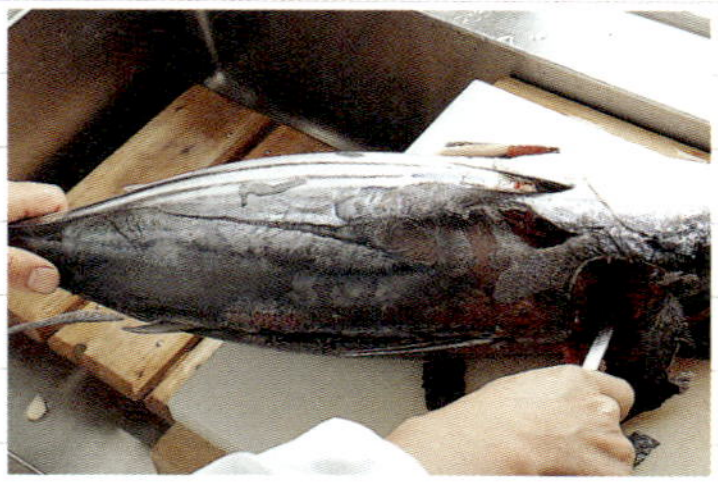

向きを変えずにそのままかつおを支え、斜め下に包丁を入れる。

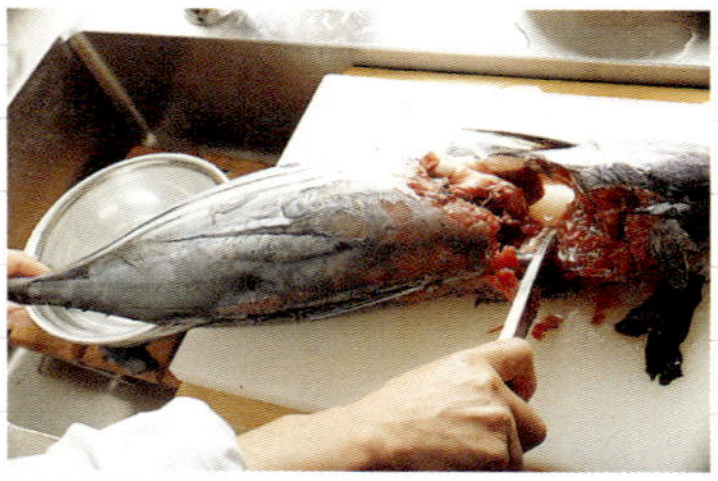

中骨は太いので、節間を探って刃を入れると切りやすい。これで頭が離れた。

4 内臓を出す

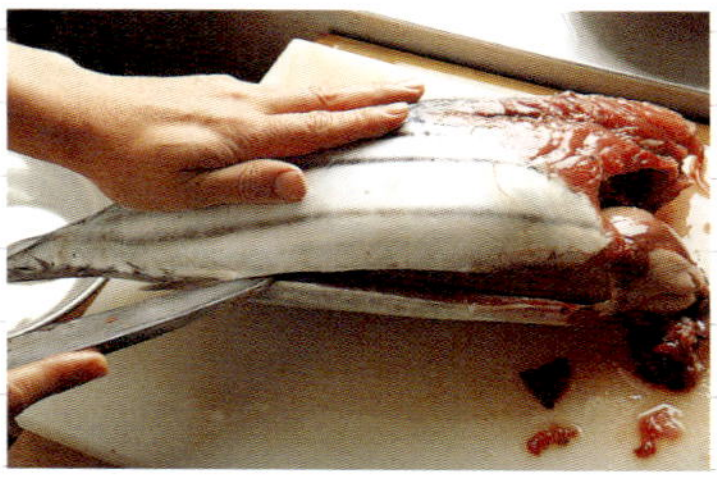

頭側を右、腹を手前に向けて置く。腹に包丁を入れて尻ビレの際まで切り開く。

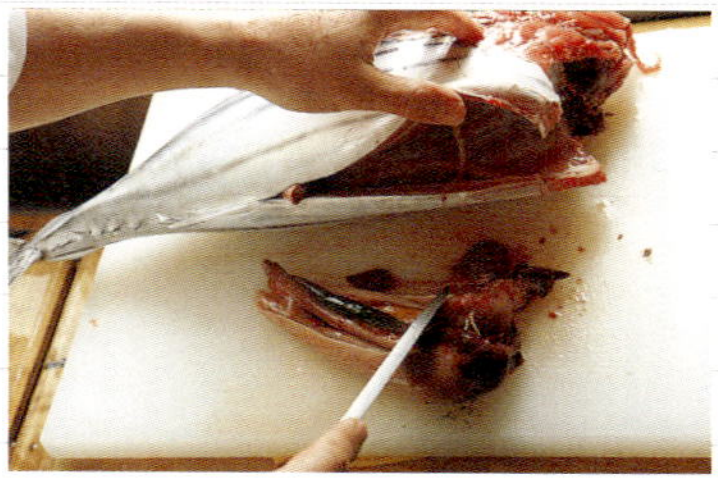

包丁で内臓を引き出す。

※内臓や腹膜に、白い粒状の寄生虫の卵がついている場合がある。見つけたら取り除く。

5 血合いを切って洗う

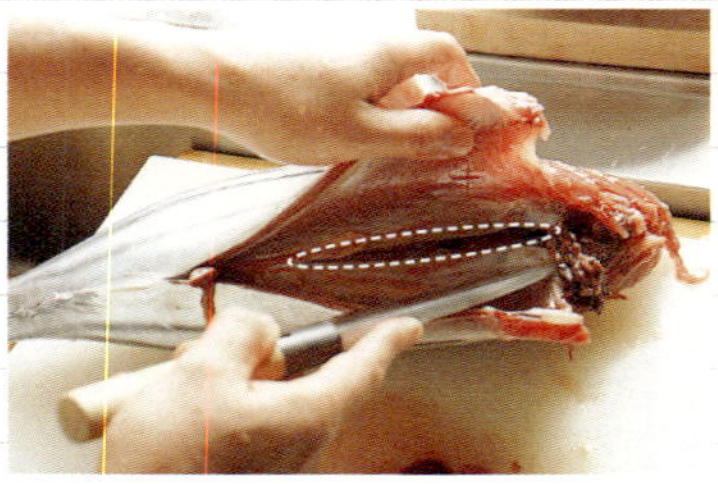

中骨の真下に沿って腹膜に切り目を入れる。ここに血合い（筋状の血の塊）がある。

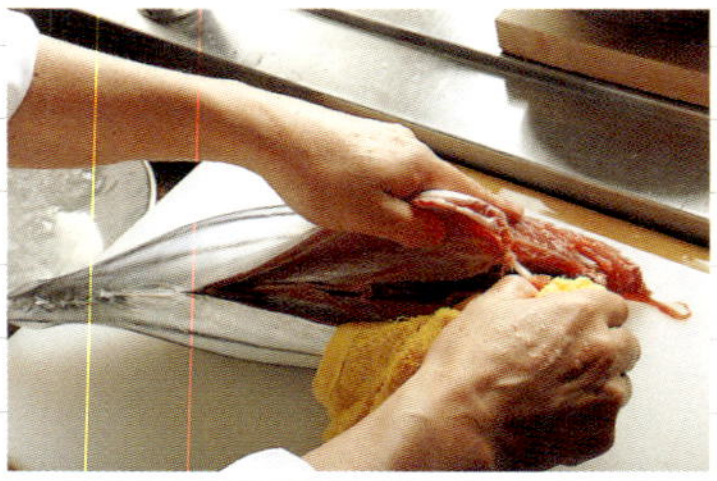

血合いを流水でサッと洗って落とす。水けや汚れは、ふきんでしっかりとふき取る。

6 まず腹側の節をとる

頭側を右、腹を手前にして置く。刃先を中骨の上に沿わせながら、魚体の下側半分を切る。腹骨を切りながら進むので、やや力が必要。

側面は、最初に皮に切り目を入れる。中骨に沿って、まっすぐに切る。

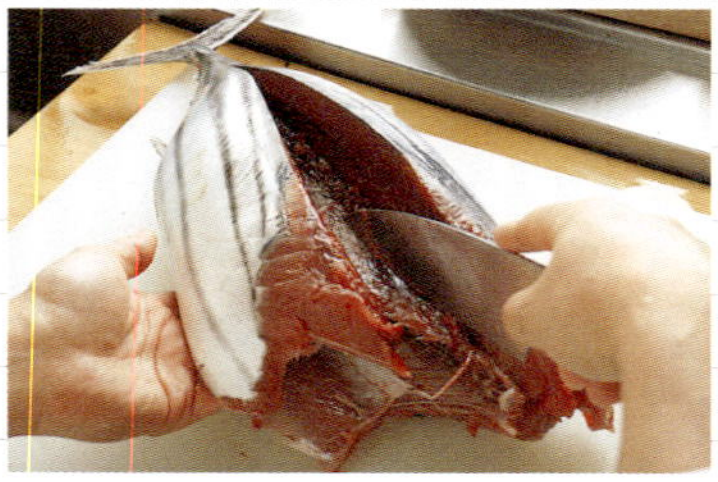

頭側を手前にして縦に置き、皮の切り目に沿って包丁を入れ、中骨に届くまで魚体の側面を切る。尾際のつながった部分を切り離すと、腹側の節が1つとれる。

7 次に背側の節をとる

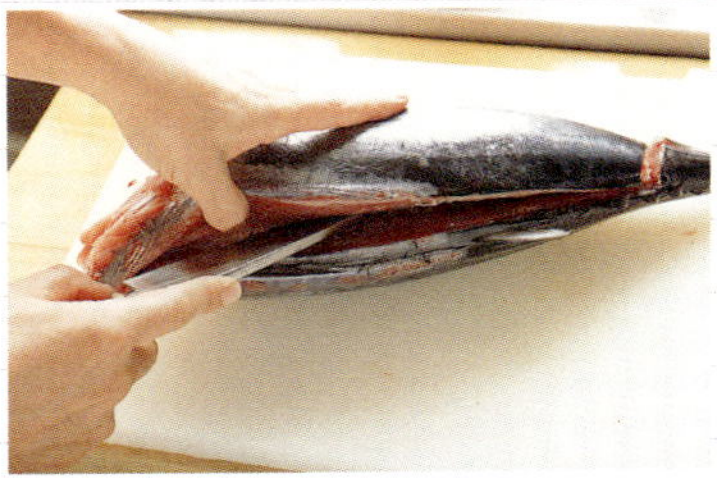

背を手前、尾を右にして置く。背ビレの上に包丁を入れ、背側の皮に包丁で浅く切り目を入れて道筋をつけてから切る。

そのまま何度か包丁を引き、刃先が中骨に届くまで切ると、背側の節がとれる。

8 裏の背側の節をとる

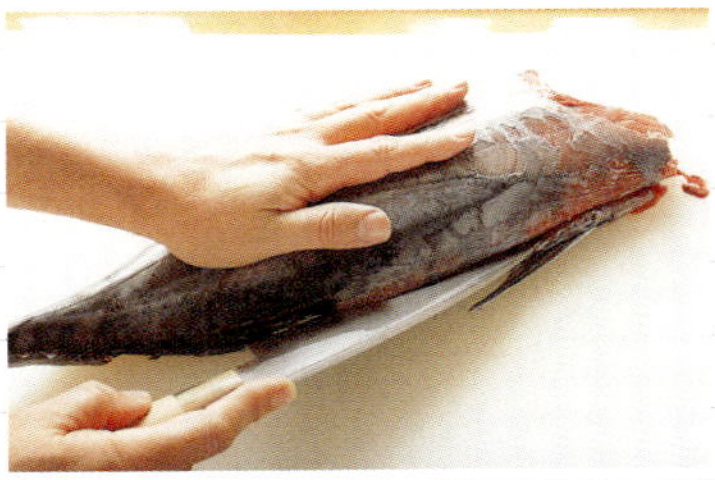

魚体を裏返して置く。**7**と同様に、背ビレの上に沿って皮に切り目を入れて道筋をつけてから何度か包丁を引き、刃先が中骨に届くまで切る。

側面を、中骨に沿って、まっすぐに切る。尾際のつながった部分を切り離すと、背側の節がとれる。

9 裏の腹側の節をとる

尾を右側にし、尻ビレのすぐ上に包丁を入れて中骨にあたるまで切る。頭側は中骨から腹骨を切り離していく。

節おろしの完成

10 血合い肉を切り取る

中骨に接していた部分に血合い肉（濃赤色の部分）がついている。味わいが刺身には向かないので、厚くつきすぎている部分を切り取る。

11 腹骨をそぎ取る

腹側の節は頭側を上にして置く。腹骨の際に包丁の背側をあて、下から上にすべらせるようにして腹骨の端を起こす。

起こした腹骨の下に包丁を入れ、腹骨に沿わせるように包丁を数回引き、そぎ取っていく。

そぎ取った腹骨を開くようにして切り離す。

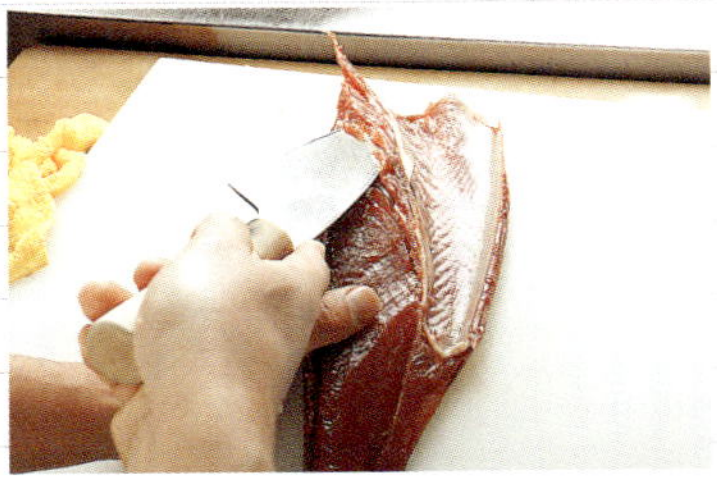

反対側の腹節は、頭側を上にして包丁の背側で腹骨の端を起こしてから、前後の向きを変えて包丁を入れると、腹骨をそぎ取りやすい。

節どりの完成。この状態になれば刺身、たたきなどに利用できる。

かつおのたたき

かつおといえば、この料理から。
手のひらで「たたいて」なじませることからの命名です。

材料（4人分）

かつお（刺身用）…1節（約300g）
青じそ…20枚
たまねぎ…（小）1コ
青ねぎ…2本
にんにく…1～2かけ
しょうが…50g
三杯酢
　酢…カップ½
　砂糖…大さじ1½
　塩・うす口しょうゆ…各小さじ½
紅たで・しょうが（すりおろす）…各適量
●サラダ油・塩・しょうゆ

E150kcal　T20分＊

＊冷蔵庫で冷やす時間は除く。

1 青じそはせん切りに、たまねぎは縦半分に切って縦薄切りにする。青ねぎは小口から薄切りにする。にんにくは薄切りにする。しょうがは皮をむいてせん切りにする。

2 三杯酢は混ぜ合わせておく。

3 フライパンにサラダ油大さじ1を中火で熱し、かつおを皮を下にして入れ、焼き色をつける（写真A）。向きを変えて全体に焼き色がついたら、まな板に取り出し、約1cm厚さに切る。

4 **3**をバットなどに並べ、塩少々をふる。三杯酢の半量をふりかけ、**1**の香味野菜の半量を散らして手のひらでたたき、なじませる（写真B）。再び塩少々をふり、残りの香味野菜と三杯酢をかけてなじませる。ラップをかけ、冷蔵庫で冷やす。

5 **4**を器に盛り、紅たで、すりおろしたしょうがを添え、しょうゆをつけて食べる。

A　フライ返しなどで軽く押さえつけ、皮を香ばしく焼く。

B　手のひらでたたいて味をなじませる。

かつおのアラの煮つけ

中骨に身がたっぷり残ってしまっても、煮つければむだにはなりません。実ざんしょうの香りをきかせて。

材料（つくりやすい分量）
かつおのアラ*…500g
実ざんしょうのつくだ煮…大さじ4
●酒・砂糖・しょうゆ
E760kcal（全量）　T40分
＊身のついた中骨、血合い肉など。

1 かつおのアラは食べやすい大きさに切る(写真A)。

2 鍋に**1**を入れ、実ざんしょうのつくだ煮を散らす。水・酒各カップ1、砂糖大さじ6、しょうゆ大さじ5を加えて強火にかける。

3 煮立ったらアクと泡をていねいに取り除く。水でぬらした落としぶたをして中火にし、時々煮汁を回しかけながら(写真B)、煮汁が約1/3量になるまで煮る。最後に煮汁を全体に回して照りよく仕上げる。

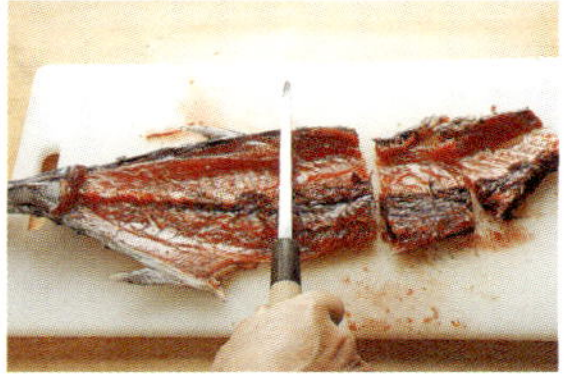

A 出刃包丁を振り下ろすようにして、中骨を切る。

B 全体に味がからむよう、時々煮汁を回しかける。

梭子魚

かます

夏が旬の青かますと、秋が旬の赤かます。
赤かますは脂がのって大きく、
青かますはやや小型で、より水けが多い種類です。
いずれも身が柔らかで干物にするとおいしい魚。
干物向きの「背開き」を覚えておくと便利です。

※写真は体長約28cm。

おさかなMEMO

スズキ目カマス科

名前
赤かます（写真。和名アカカマス）は脂かます、
青かます（和名ヤマトカマス） は水かますの別名も。

さばく包丁
文化包丁

特徴
口先がとがり、鋭い歯をもち、小さく堅いウロコがびっしりとついている。アカカマスは背に赤みがさしてヒレが黄色く、ヤマトカマスは背に青みがさしてヒレが黒っぽい。いずれも身が柔らかく、干物、焼き物に向く。

1 ウロコを取る

小さく堅いウロコがびっしりついている。左手で頭を押さえ、包丁の刃を軽くあてて表面をこすり、ウロコを取る。魚を返して、背側や腹側のウロコもしっかりと取り、水で洗って水けをよくふく。

2 背側を切り開く

背を右、頭を向こうにして置く。背ビレのすぐ上に包丁を入れ、引いて切る。中骨の上に沿って切り開き、腹側の皮は切らずに残す。

3 頭を割る

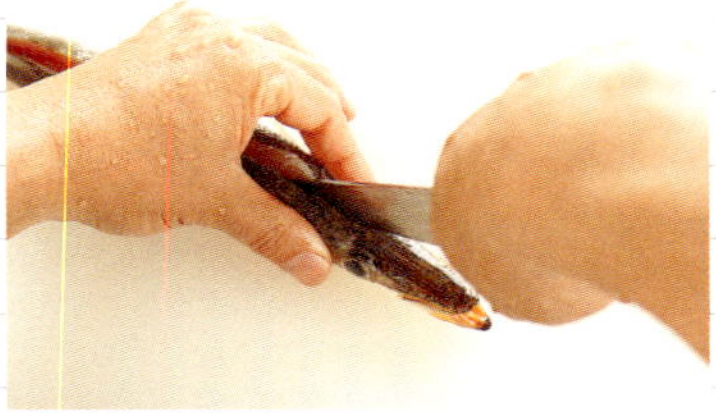

頭を手前にして置く。背側の切り目に包丁の先を入れ、目の脇を左手で押さえ、固定する。

包丁をまっすぐに下ろし、頭を半分に切る。乾きにくい頭を割っておくと、干すときに傷みにくい。

かますの干物

しっかりと濃い塩水に浸した、保存のきくつくり方。魚が小さいときは、塩水に浸す時間をやや短くします。

材料（つくりやすい分量）
かます…4匹（1匹200〜250g）
●塩

E180kcal（1匹分）　T約3時間

1 かますは背開きにし、エラと内臓を取って塩水で洗う（下記参照）。

2 ボウルに水カップ4½、塩120gを合わせて濃い塩水をつくる（塩が溶けきらずに残る程度の濃さ）。

3 バットにかますを並べて**1**を注ぎ、7〜8分間おく（写真A）。

4 かますの身を上にしてざるなどに重ならないように並べ、扇風機の弱風にあてる（写真B）。戸外で干す場合は、直射日光のあたらない、特に風通しのよいところにざるを置いて3時間ほど干す。

保存　1枚ずつラップでぴっちり包む。冷蔵庫で1週間ほどもつ。

食べ方　魚焼きグリルを強めの中火で熱し、最初に身の側を焼き、薄く色づいたら裏返し、皮側を焼く。好みですだちを添えて。

A 時々上下を返し、まんべんなく塩水につける。

B さわってみて、表面がしっとりと乾いた感じになるまで干す。

4 エラと内臓を取る

切った頭を開くと、中央付近にエラがある。頭とつながっている部分を包丁で切る。

エラを持ってそっと引く。内臓もつながった状態で取れる。

5 塩水で洗う

ボウルに塩水をつくる（水1ℓに塩小さじ1が目安）。この中で血や残った内臓をきれいに落とす。特に中骨の下についている血合い（筋状の血の塊）は、ささらなどで軽くこすって落とす。

背開きの完成

かれい

鰈

刺身にできるほど新鮮なかれいが手に入ったら、ぜひ五枚おろしに挑戦してみてください。かれいやひらめなど、平らな魚ならではのおろし方です。あじやさばは、頭を落としてから三枚にしますが、値の張る魚は先に内臓を抜いて洗い、頭を落とします。切り口を水で洗うと、そのぶん身が傷むためです。

おさかなMEMO

カレイ目カレイ科

名前
マガレイ、マコガレイ、イシガレイなど日本近海に多くの種類が分布。

さばく包丁
文化包丁

特徴・選び方
頭を右に向けると内臓の部分が下になる（ヒラメはその逆）。表面にぬめりがあり、つやがよく、目の澄んだものを選ぶ。身が厚いほうがさばきやすい。

裏側（無眼側）

※写真は体長約24cm。

1 ウロコとぬめりを落とす

ステンレス製の金だわしなどで表裏をこすって、細かいウロコとぬめりを落とす。

包丁でもこすり、残ったウロコなどをていねいに落とす。

背ビレと尻ビレの上を外側に向かって包丁の刃でこすり、ぬめりをしっかり取る。

2 内臓を出す

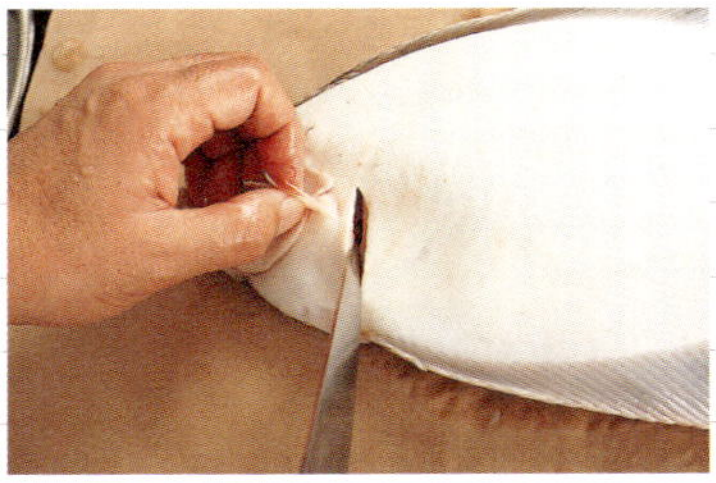

裏側を上にし、胸ビレの際から下に切り目を入れる。

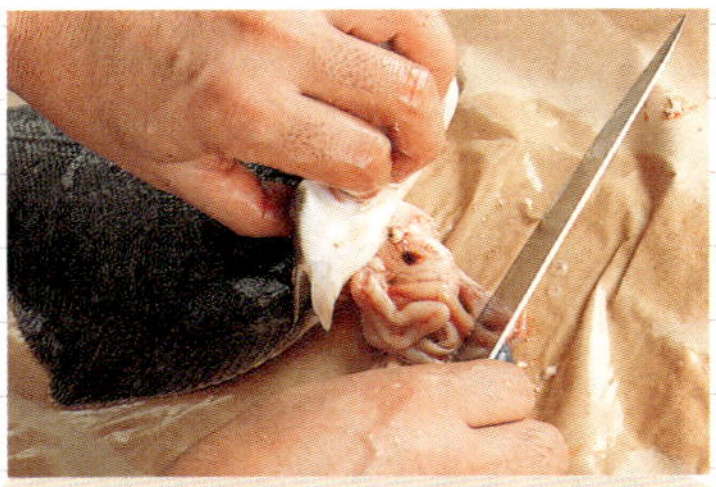

表裏を返し、頭を上に向けて切り目を開き、内臓を引き出す。

3 エラを取る

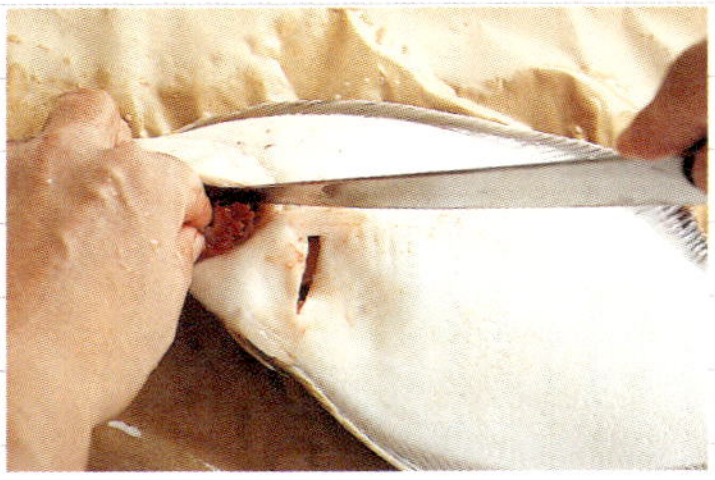

エラぶたを持ち上げてエラのつながった部分を包丁で切って取り除く。

4 水洗いをして頭を切り落とす

流水で洗い、表面のぬめり、ウロコ、切り目の中に残った内臓などをきれいに落とす。

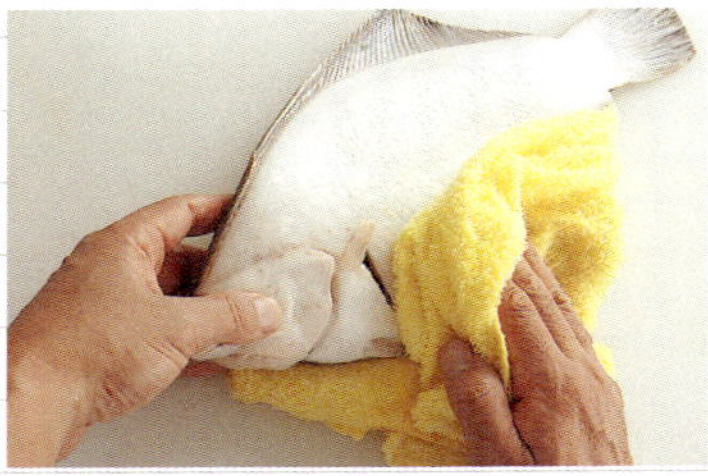

しっかりと水けをふき取る。このあとは水にぬらさないようにする。

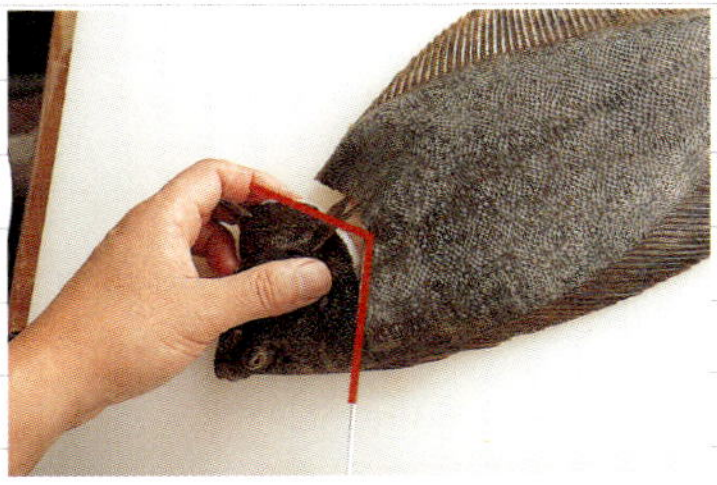

なるべく身を残すよう、頭を三角に切り取る。

5 五枚おろしにする

頭側を左にして置く。中骨に沿って皮にまっすぐ包丁を入れて道筋をつけ、その後、中骨に届くまで身を切る。

背ビレと尻ビレの際に沿って、皮に切り目を入れる。尾ビレの際の皮も切る。先に皮を切っておくと、身を切り取るときにきれいに仕上がる。

頭側を右にして置き、中央の切り口から包丁をねかせて入れ、骨に添って包丁を引く。皮に入れた切り目の部分まで切ると、左側の身が離れる。

頭側を左にして置き、中央の切り口から包丁をねかせて入れ、骨に添って包丁を引く。

皮の切り目まで切ると、身が離れる。

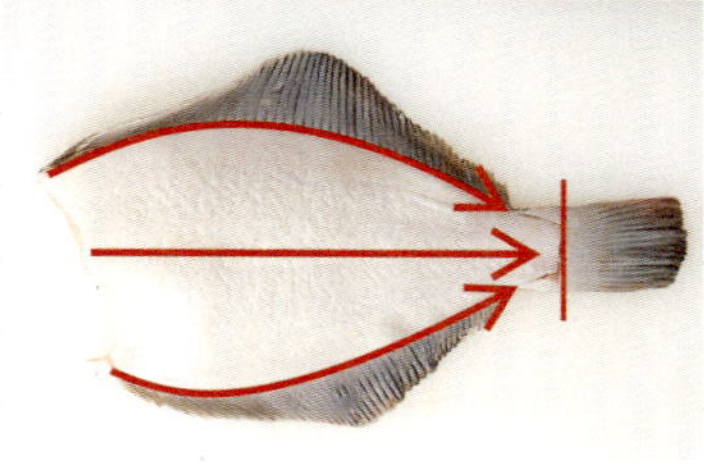

魚体を裏返し、頭側を左にする。表側と同様、中骨に沿ってまっすぐに切り、次いで背ビレと尻ビレの際に沿って、皮に切り目を入れる。尾ビレの際も切る。

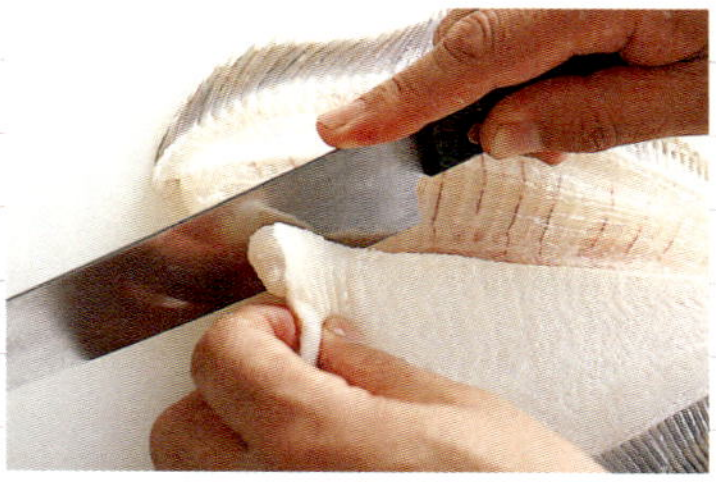

頭側を左にすると、内臓があった部分が手前にくる。上部には腹骨があるため、身を起こし、包丁の刃元で腹骨を切る。あとは表側と同様に左右の身をとればよい。

五枚おろしの完成

6 腹骨をそぎ取る

上部に数本、腹骨がついている。包丁の背で腹骨を起こしてから(矢印)、包丁をねかせて入れてそぎ取る。

7 エンガワを切る

背ビレ、尻ビレに添った薄い部分がエンガワ。刺身にするとコリッとした食感でおいしい。これを切り離すと、残った部分がいわゆる「さく」。

8 皮をひく

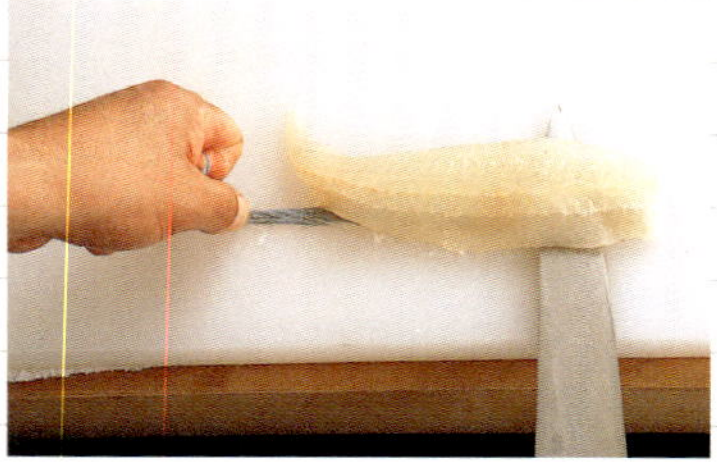

皮は堅く、食べられない。尾側の端を少しむいてしっかりと持ち、包丁を身と皮の間にねかせて入れ、皮をひいてはがす。

かれいの刺身

新鮮なかれいは、身は薄造りが一般的。エンガワは皮に熱を通して、弾力のあるうまみを味わいたい。

材料（つくりやすい分量）
かれい（刺身用）…1さく
かれいのエンガワ…適量
ラディッシュ…1コ
おかひじき…適量
わさび（すりおろす）…適量
●しょうゆ
E190kcal（全量）　T20分

1 ラディッシュは薄切りにして水にさらし、水けをよくきる。おかひじきはサッとゆでて水にとり、そろえて水けを絞り、1.5cm長さに切る。

2 巻きすにエンガワを皮を上にしてのせる。熱湯をサッとかけ（写真A）、すぐに氷水にとり（写真B）、水けをよくふく。

3 かれいのさくは薄造りにする。包丁をまっすぐに入れたらすぐにねかせ、斜めに薄くそぎ切る（写真C、D）。エンガワは1.5～2cm幅に切る。

4 器に薄造りのかれいを並べ、ラディッシュを上に散らす。エンガワを添え、おかひじきをあしらう。わさび、しょうゆをつけて食べる。

A 皮霜という。堅い皮も熱を通すとおいしく食べられる。

B 身に熱が通らないよう、すぐに冷やす。

C かれいは身がしっかりとしているので、薄くそぎ切りに。

D 最初と最後は包丁を立てて切ると、角がキリッと立つ。

かわはぎ

皮剝

ちり鍋、刺身、から揚げなどで楽しまれる庶民的な魚ですが、その味わいは格別。特にキモのうまさは、ふぐの白子に例えられることもあるほどです。ひし形に近い形のかわはぎ（上写真）のほか顔が細長いうまづらはぎもよく出回り、さばき方はどちらも同じです。

※ 写真は体長約25cm。

おさかなMEMO

フグ目カワハギ科

名前
ハゲ、バクチウオの別名もある。

さばく包丁
出刃包丁

特徴・選び方
第1背ビレと腹ビレに、それぞれ鋭いとげがあるので注意。秋から冬は腹がしっかりと膨れていると、大きなキモが詰まっている。腹に張りがあり、目が澄んでいるものを選ぶ。

1 口先、とげ、ヒレを切り落とす

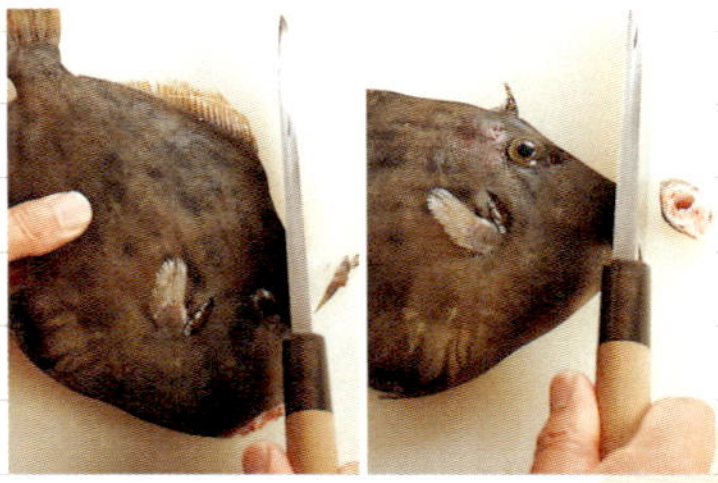

かわはぎは表面をよく洗う。口先を少し切り落とし、頭の上の長いとげ（第1背ビレ）を付け根から切り取る。

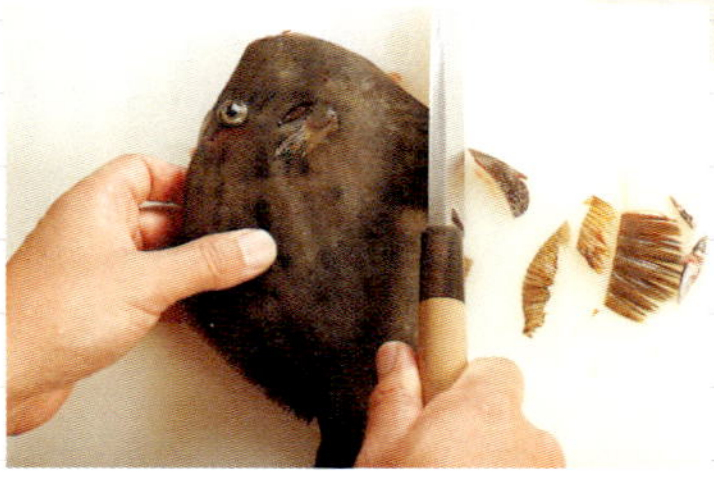

第2背ビレ、尾ビレ、尻ビレもざっと切り取る。腹ビレは小さなとげごと、付け根の皮を少しつけて切り取る。

2 皮をはぎ取る

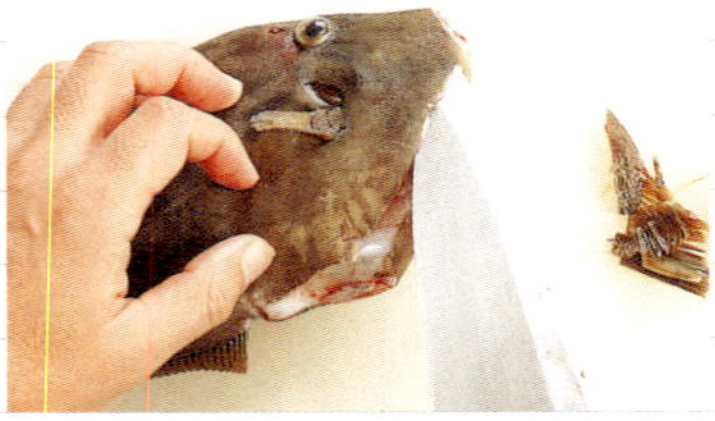

腹ビレの切り目に逆手に持った包丁を差し入れて、口先まで切り開く。

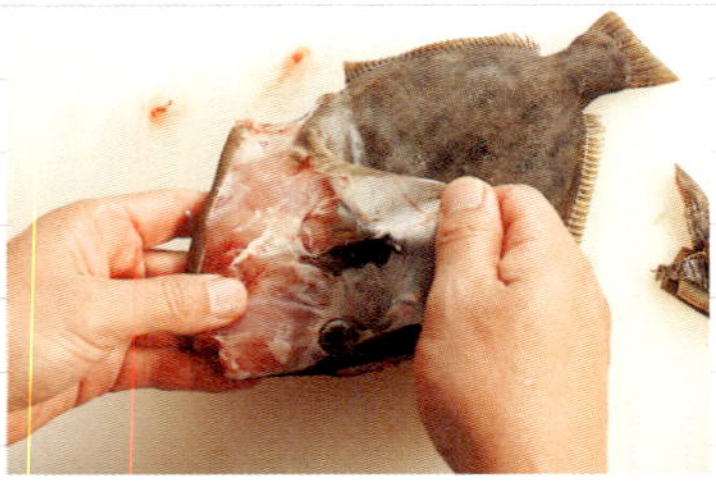

口先の切り口から尾ビレに向けて、皮を引っ張ってはぎ取る。裏側も同様にはぐ。

ちり鍋

雑味のない白身がちり鍋にぴったり。
サッと煮たキモも絶品です。

材料（4人分）
かわはぎ…2～3匹
白菜…4枚
ほうれんそう…½ワ
春菊…½ワ
生しいたけ…4枚
ねぎ…1本
昆布…（8㎝角）1枚
もみじおろし*…適量
青ねぎ…適量（斜め薄切り）
ポン酢しょうゆ…適量
●塩

E130kcal　T40分

*つくり方はP.39参照。

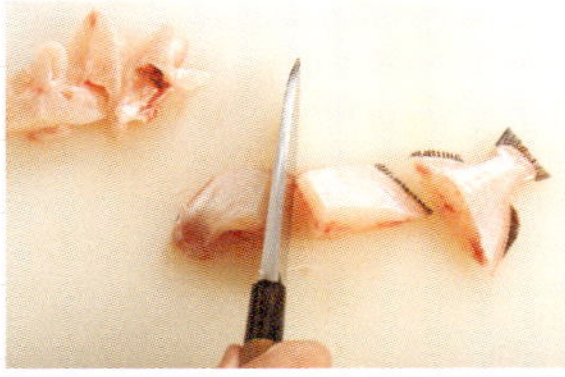

中骨を切るときは、出刃包丁を振り下ろすようにして切る。

1 かわはぎは皮をはいで頭や内臓を取る（下記参照）。食べやすい大きさに切り分ける（写真）。

2 白菜はゆでてざるに上げ、塩少々をふる。次にほうれんそうをゆで、引き上げて水にとり、きれいに束ねて水けを絞る。巻きすに白菜を並べ、ほうれんそうを芯《しん》にしてクルクルと巻き、形を整えて4～5㎝幅に切る。春菊は葉を摘む。しいたけは石づきを切り落とす。ねぎは斜め切りにする。

3 土鍋に昆布、水カップ5、かわはぎの骨の多い部分を入れて火にかける。煮立ったらアクをていねいに取り、昆布を引き上げる。

4 **1**、**2**を器に盛り、食卓で**3**の鍋で好みの加減に煮る。もみじおろし、青ねぎを薬味にし、ポン酢しょうゆをつけて食べる。

3 頭を切る

頭を左、背を上にして目の脇に包丁を浅く入れ、そっと引いて、中のキモを傷つけないように身を切る。裏面も同様にする。

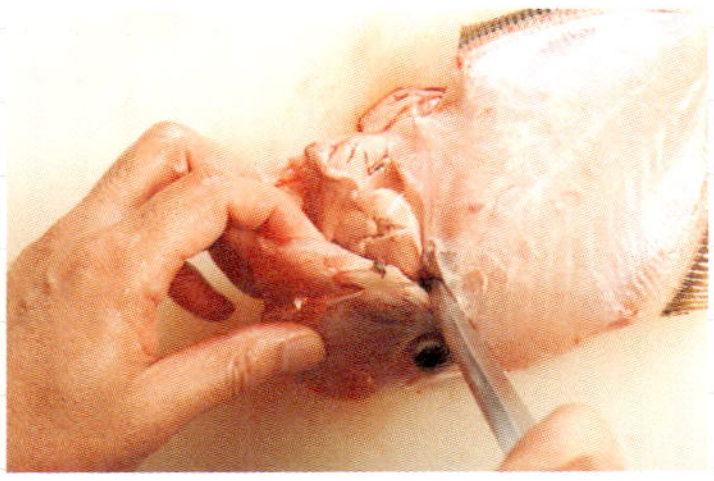

続けて背を手前にし、目の脇の切り口に包丁を差し込んでからグッと下ろし、頭の上側を一気に切り離す。

4 キモと内臓ごと頭を取る

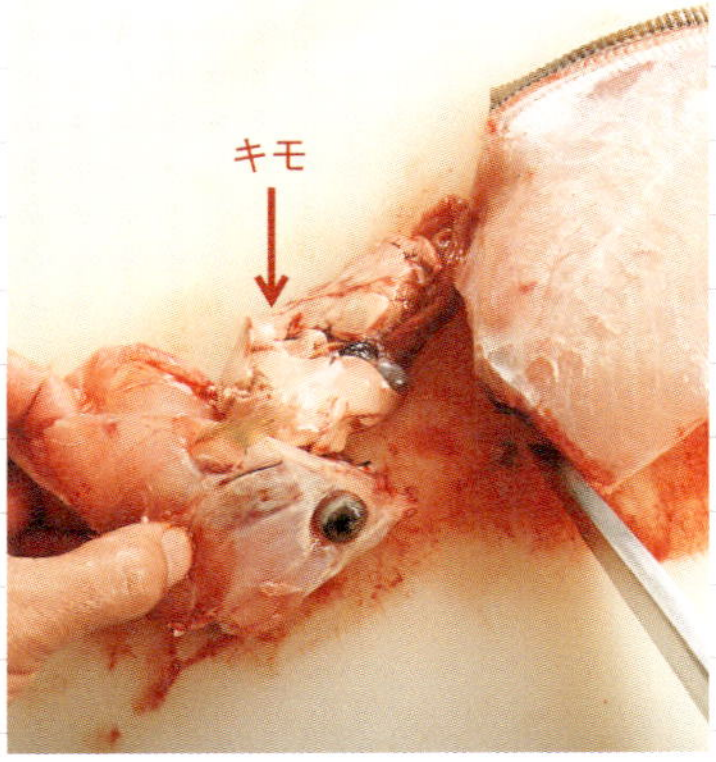

切り離した頭をそっと引くと、キモと内臓がついた状態で一気に身からはずれる。黒く丸い胆のうを潰さないようにして（身が汚れるため）、薄ピンク色のキモ以外の内臓は取り除いて捨て、身、頭とキモは流水で洗って水けをふく。

5 キモをはずし、エラを取る

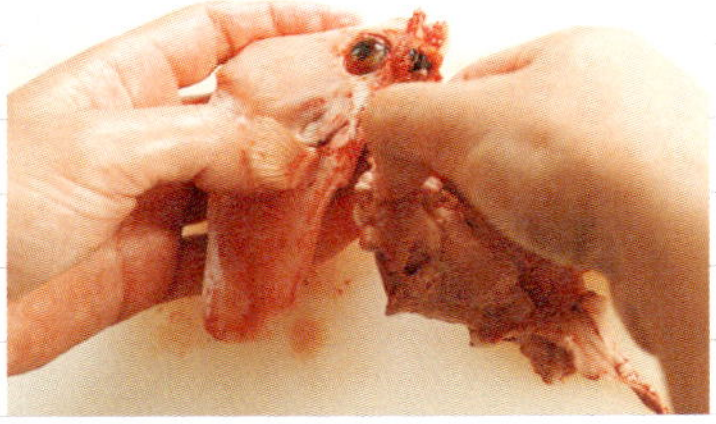

キモをそっと引っ張って頭からはずす。

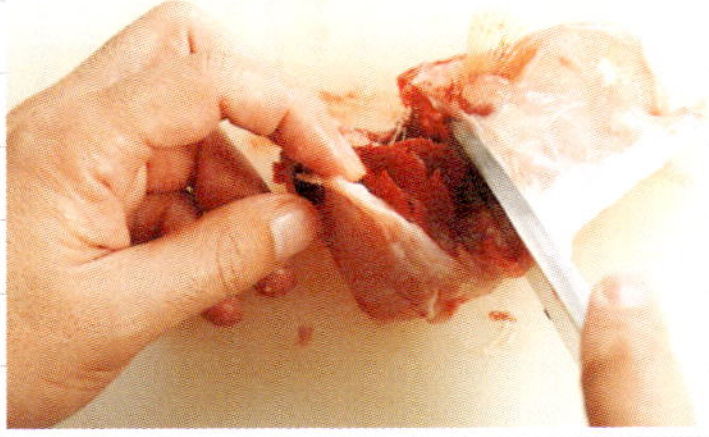

頭はエラぶたを開いて、中のエラを包丁で切って取り除く。

きす

鱚

おさかなMEMO

スズキ目キス科

名前
一般にきすと呼ばれる種類（写真）は、和名シロギス。

さばく包丁
文化包丁

特徴・選び方
透明感がある象牙色で、ピンク色の線がくっきりしているものが新鮮。腹がピンと張っていれば、内臓も傷んでいない。新鮮なものは刺身にもできる。

※ 写真は体長約12cm。

きす（シロギス）は一年中手に入りますが、初夏から夏にかけては、特に味がのってきます。魚偏に喜ぶと書くおめでたい魚ですからお祝い事によく使われますね。小ぶりなものは、さばく手間がかかるぶん、意外に安く手に入ります。背開きにして、天ぷらといきましょう。

1 ウロコを取る

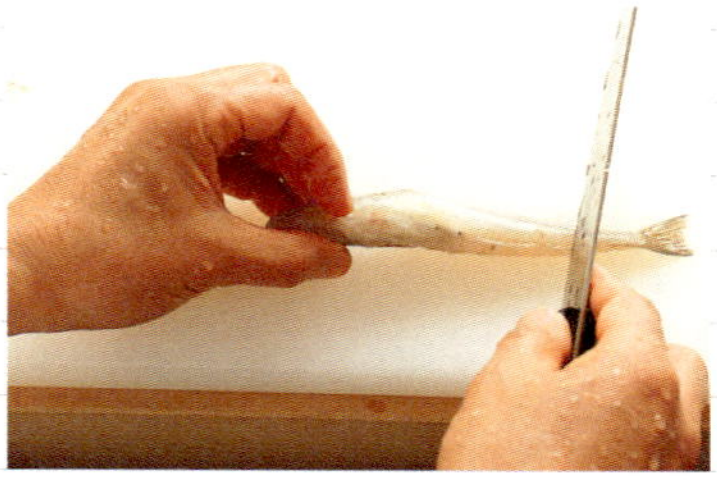

包丁の刃を軽くあててこすり、ウロコを取る。腹側は刃元でこすると取りやすい。魚を固定する左手は、傷みやすい腹部ではなく、頭部を持つ。

2 頭を切り落とす

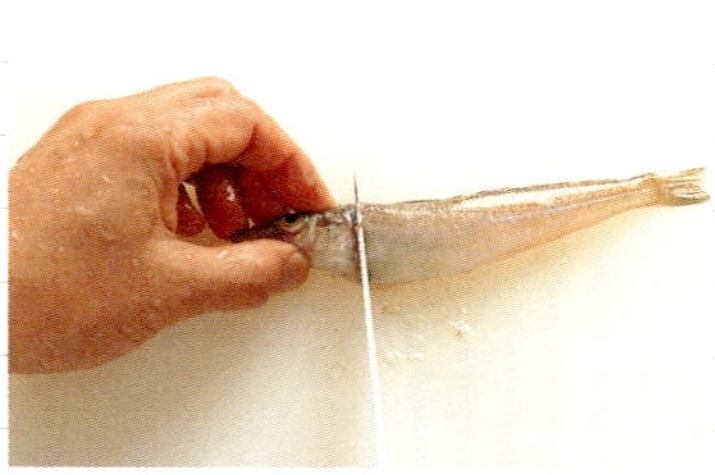

頭を左、背を向こうにして置く。胸ビレと腹ビレを頭側につけて、まっすぐ包丁を入れ、頭を切り落とす。

3 内臓を出して洗う

包丁の刃先で内臓を少し引き出して押さえ、魚体を左に引いて抜き取る。水で洗い、水けをしっかりとふき取る。

4 背側の半分を切る

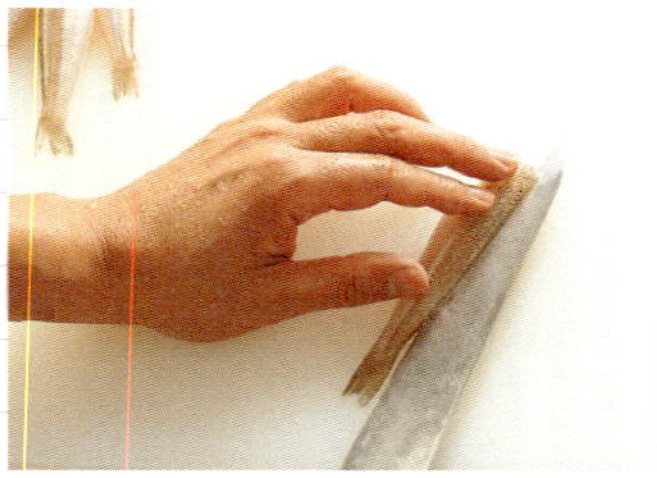

背を右、頭側を向こうにして置く。まず、背ビレのすぐ上に沿って包丁を浅く入れ、道筋をつける。この道筋に沿って包丁を引いて切り込み、中骨の上まで切る。

きすの天ぷら

ホックリとした白身は天ぷらにぴったり。はずした中骨も、じっくり揚げると食べられます。

材料（4人分）
きす…12匹
青じそ…4枚
衣
- 卵…1コ
- 小麦粉…カップ1（100g）

天つゆ
- しょうゆ・みりん…各カップ1/4
- 水…カップ1
- 削り節…5g
- 昆布…（5cm角）1枚

大根おろし…300g
●揚げ油
E330kcal　T40分

1 天つゆの材料を鍋に入れて弱めの中火にかける。ひと煮立ちしたら火を止めてこし、冷ます。

2 きすはウロコと頭を落として洗い、背開きにして中骨（とっておく）と腹骨を除く（下記参照）。中骨は、時間があれば2〜3時間干す。

3 衣の卵はよく溶きほぐし、冷水を加えてカップ1にする。小麦粉をふるってから一気に加え、粘りが出ないよう、太めの菜ばしで粉を押さえるようにして混ぜる。

4 揚げ油を150℃に熱し、青じその裏に薄く衣をつけて入れて揚げ、油をよくきる。次にきすの中骨の水けをふき、衣をつけずに揚げ油に入れ、泡がほとんど出なくなるまで、じっくりと揚げて油をよくきる。揚げ油を180℃にし、きすに衣をつけて入れ、何度か返しながらカラリと揚げる。

5 器に4を盛り合わせ、天つゆと大根おろしを添える。

5 腹骨を切って開く

頭側を右に回して背を手前にする。包丁の刃先を中骨の上に沿わせながら、腹を切らないように細かく前後に動かす。

尾の際まで切ると、背から開ける。

6 中骨を切り取る

背ビレを手前にしたまま裏返し、皮のついた面を表にする。背ビレの上に沿って包丁を入れ、中骨を切り離す。

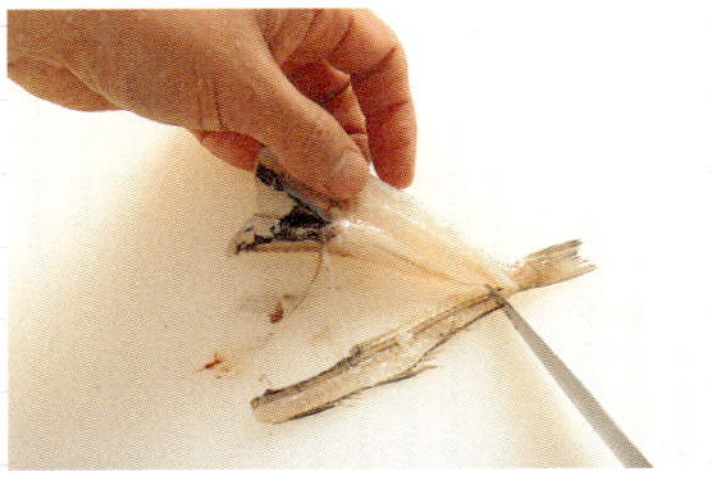

切り離した中骨は、尾の付け根で切り取る。

7 腹骨をそぎ取る

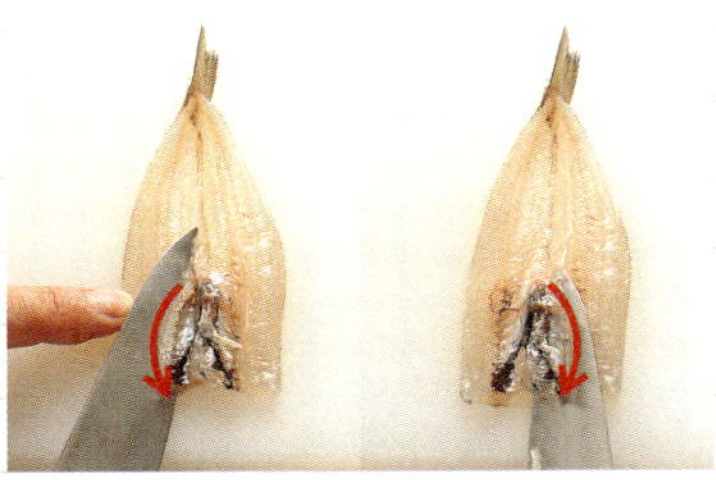

尾を向こうにして置く。右側の腹骨は、包丁ですくい上げるようにして引いて切る。左側の腹骨は、包丁を返して同様に引いて切る。

背開きの完成

きすの風干し

ご飯の供に、酒のさかなに。
うまみのギュッと詰まった干物を。

材料（つくりやすい分量）

きす…8匹

A｜水…カップ1
　｜粗塩…大さじ3

●塩

E30kcal（1匹分）　T30分＊

＊干す時間は除く。

1 きすは包丁でこすってウロコを取る。背ビレのすぐ上に包丁を入れ、頭の付け根から尾の付け根まで切り目を入れる。この切り目をさらに深く切り込んで、腹の皮の際まで切り開く（写真A）。頭を手前、背を上にして置き、頭の付け根に包丁の刃先を入れ、グッと真下に切り下ろし（写真B）、頭を縦半分に割って開く（写真C）。切り口からエラと内臓を取る（写真D）。

2 ボウルに薄い塩水（水1ℓあたり塩小さじ1が目安）をつくり、この中で**1**のきすを洗う。黒い腹膜も洗って落とす。

3 別のボウルにAを混ぜ合わせ、背開きにしたきすを入れ、1〜2分間つけてすぐに取り出す。

4 きすを広げて、幅の広い部分につまようじをぬうように刺す。尾の付け根に金ぐしを刺し（写真E）、風通しのよい日陰につるし、表面が乾いた感じになるまで干す。

保存　1枚ずつラップでぴっちり包む。冷蔵庫で2〜3日間もつ。

食べ方　魚焼きグリルなどで両面を焼き、表面に酒少々をふって器に盛る。

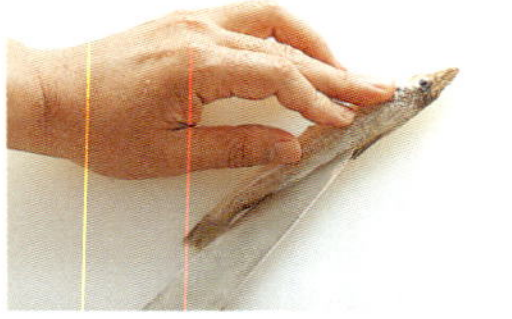

A 腹側の皮を切らないように注意する。

B 両目の脇を押さえて頭をまっすぐにすると切りやすい。

C 頭を割ると背開きの状態になる。

D エラを引くと内臓もいっしょについてくる。

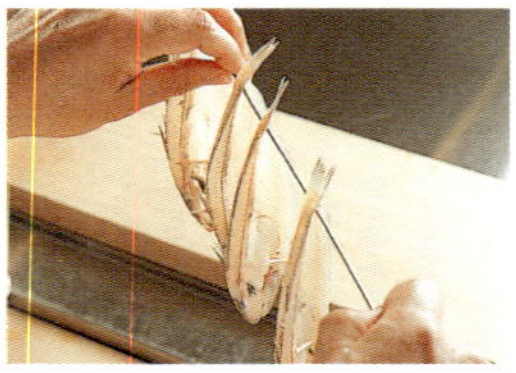

E 頭を下にして金ぐしを刺し、つり下げて干す。

きんめだい

金目鯛

鮮やかな赤い色は、ほかの魚にはなかなかない美しさ。冬が近づくと、どんどん脂がのってくるので、生の刺身よりも、煮つけ、ちり鍋、しゃぶしゃぶなど火を通して食べるのがおすすめです。二枚おろしにし、中骨のついた半身は煮つけに、残りの半身は鍋物にしてはいかがでしょうか。

おさかなMEMO

キンメダイ目キンメダイ科

名前
キンメ、アカギなどの別名もある。

さばく包丁
出刃包丁

特徴
魚体が鮮やかな赤色。目が大きく、網膜に反射層があるため、空気中では目が光って見える。脂がのった白身で肉質は柔らかい。ただし、主に胸ビレを使って泳ぐため、この付近は筋肉が発達して身がしまっている。

※写真は体長約30cm。

1 ウロコを取る

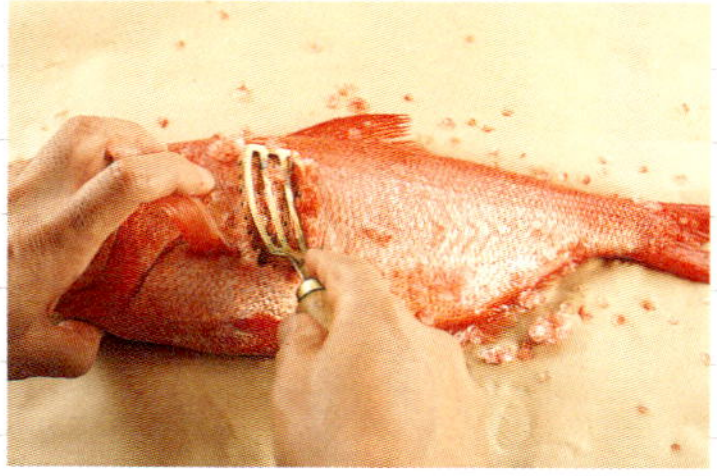

最初にウロコ引きを使って表面のウロコを取り除く。さらに包丁でこすって、残ったウロコもていねいに取る。

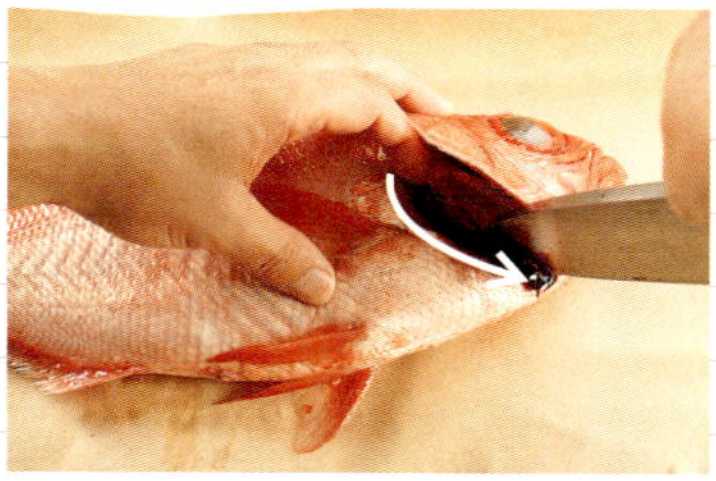

エラぶたを持ち上げて包丁の先を入れ、カマに沿ってグルリと包丁を入れる。

2 腹を切ってエラと内臓を取る

エラぶたを持ち上げて包丁の刃先を入れ、腹の中央まで切り目を入れる。包丁の向きを変え、腹ビレの間を排せつ腔まで切り開く。

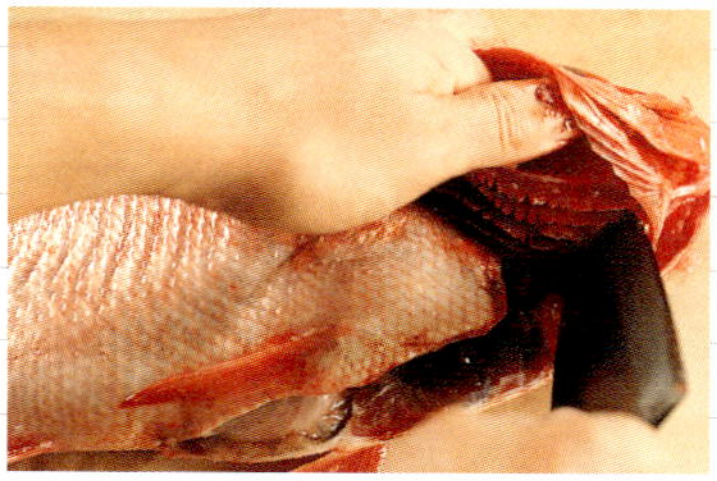

エラのつながった部分（上下2か所）を切る。まずエラの下側を切る。

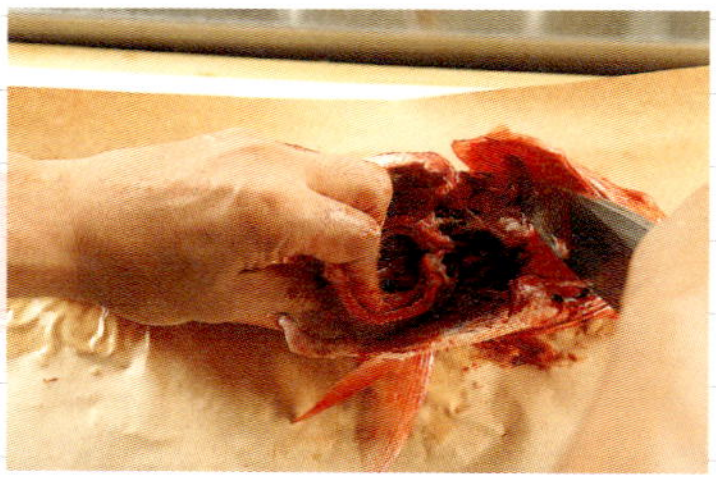

次に上のつながった部分を切る。エラを持って引くと、内臓ごと取れる。

3 洗って水けをふく

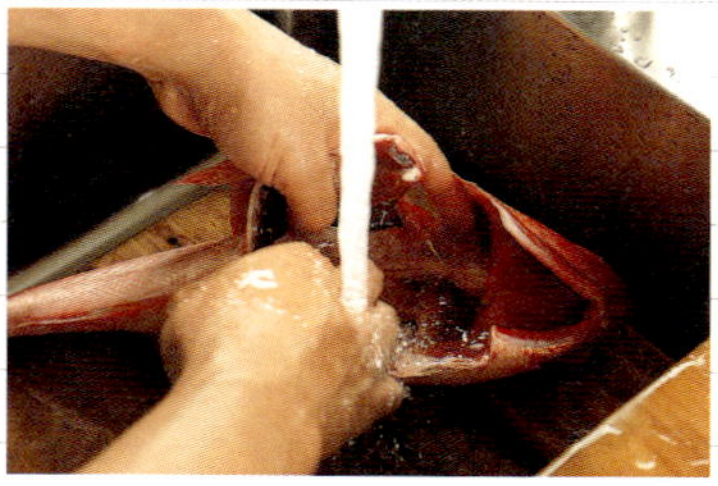

表面のウロコを洗い流し、腹の内側の残った内臓なども落とす。肉質が柔らかいため、指先などでていねいに行う。

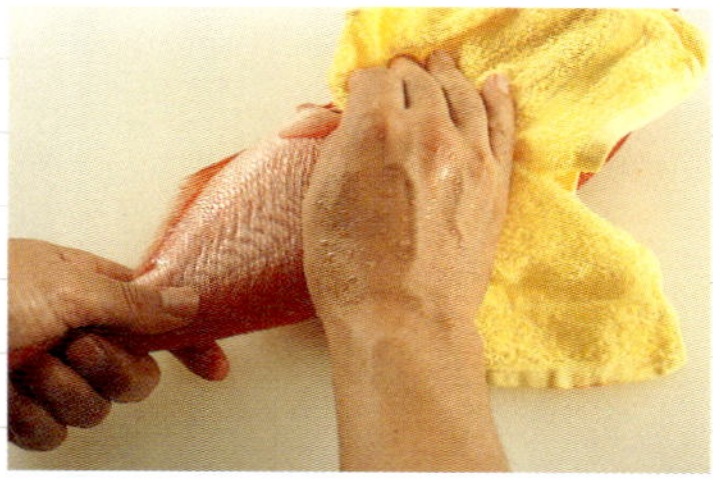

ふきんで表面と腹の内側の水けをしっかりとふき取る。

4 頭を落とす

頭を左にして置き、エラぶたを持ち上げて包丁を入れ、頭をなるべく小さく切る。

5 二枚おろしにする

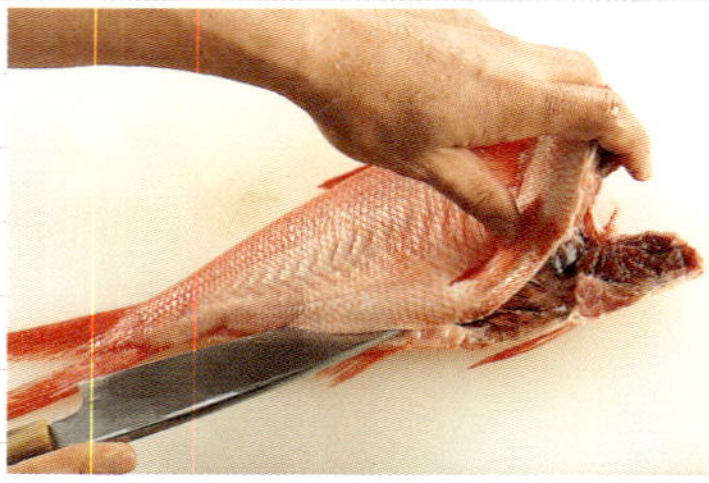

頭側を右、腹を手前にして置く。腹の切り目から包丁を入れ、尻ビレのやや上を通るようにして数回引き、魚体の下半分を切る。

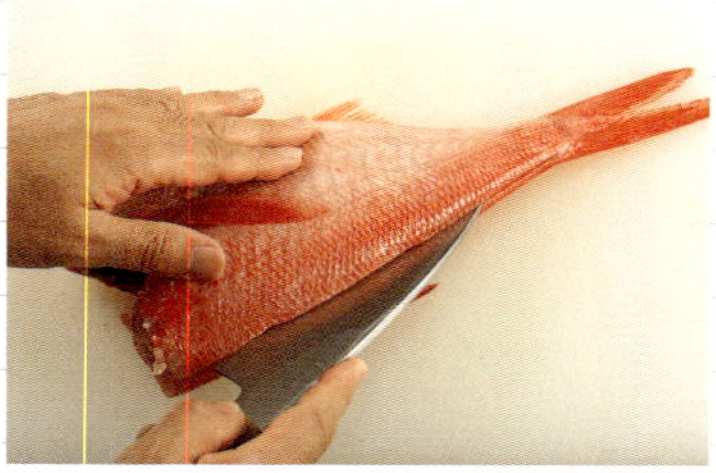

魚体を回して頭側を左、背を手前にし、背ビレのやや上に包丁を入れる。数回引いて魚体の上半分を切る。

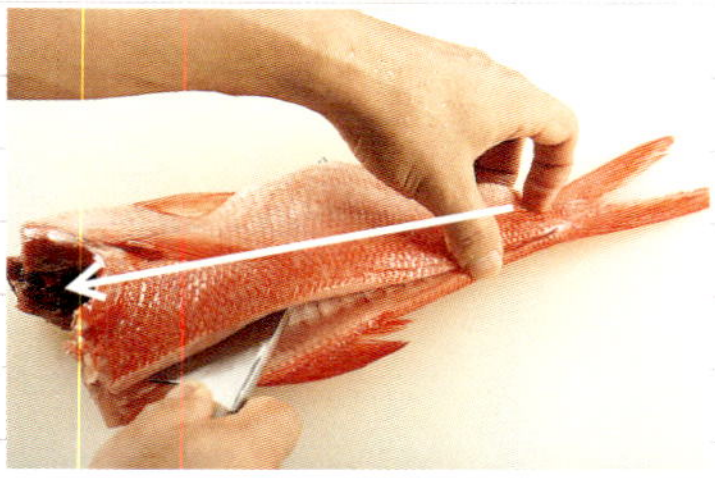

尾の付け根に逆手に持った包丁を差し入れ、刃を左にして持ち替え、尾を押さえながら中骨の上をすべらせるように動かし、上身を切り離す。つながった部分を切る。

二枚おろしの完成

きんめだいの煮つけ

脂ののった身は、煮つけてもトロリと柔らか。
甘辛い煮汁をからめて食べれば、ご飯が進みます。

材料（4人分）
きんめだい（切り身）…4切れ（1切れ100g）
わかめ（塩蔵）…30g（水で戻す）
しょうが…30g（薄切り）
煮汁
水…カップ1
酒…カップ1/3
砂糖・みりん…各大さじ2
しょうゆ…大さじ3
E210kcal　T20分

1 きんめだいは、尾ビレを切り（写真）、皮めに浅い切り目を入れる。わかめは食べやすく切る。

2 鍋に煮汁の材料を入れ、中火にかける。煮立ったらきんめだいを皮を上にして並べ入れ、煮汁を回しかけて表面に火を通す。しょうがを散らし、水でぬらした落としぶたをして、8～10分間煮る。

3 きんめだいに煮汁を回しかけながら照りよく仕上げる。**1**のわかめを加え、温める程度にサッと煮て器に盛る。

尾ビレは長いので切り離しておく。

くるまえび

車海老

加熱したときの赤い縞模様が見事。
正月料理などでよく使われます。
刺身で食べると、独特の甘みとうまみ、
ねっとりとした口当たりが格別。
火を通したときのプリッとした歯ごたえも
ぜひ堪能してください。

おさかなMEMO

十脚目クルマエビ科

名前

体長5㎝程度のものはサイマキと呼ばれる。

さばく包丁

文化包丁

特徴

淡い褐色の地に茶褐色の幅広い縞模様があり、加熱すると茶褐色部が赤くなる。湿ったおがくずなどに入れて、生きたまま販売されることが多い。天然物のほか、養殖が盛んなため、比較的入手しやすい。

※写真は体長約15㎝。

くるまえびの刺身2種

生の刺身と、サッと火を通したもの、それぞれの食感や味の違いを楽しんで。

材料（つくりやすい分量）
くるまえび（刺身用）…3匹
みょうが…2コ
青じそ…1枚
わさび（すりおろす）…適量
●しょうゆ
E70kcal（全量）　T30分

網じゃくしにのせておくと、手早く取り出せる。

1 みょうがは薄い小口切りにし、水にさらして水けをよくきる。

2 くるまえび2匹は頭を取って殻をむき、背開きにし（下記参照）、1.5～2㎝幅に切る。尾は除く。

3 残りのくるまえびは頭の殻を取る。鍋に湯を沸かし、湯にサッと浸してすぐに冷水にとり、尾を残して殻をむく。表面や尾に茶褐色の部分が残っていたら、再び熱湯にサッと浸す（写真）。表面が色よくなったらすぐに氷水にとり、水けをよくふき取って、1.5～2㎝幅に切る。

4 器に**1**を置いて青じそを敷き、**2**、**3**の刺身2種を盛り合わせる。わさびを添え、しょうゆをつけて食べる。

残った頭の利用　ワタがあれば取り、焼き網などにのせ、弱めの中火でじっくりと焼く。外側の殻をはがして食べるとおいしい。また、水から煮て、だしをとると、そうめんのつゆ、野菜の煮物などによい。

1 頭を取る

頭の殻をはずす。下側の端に親指を差し入れ、頭の殻をつかむ。左手は腹側を持つ。

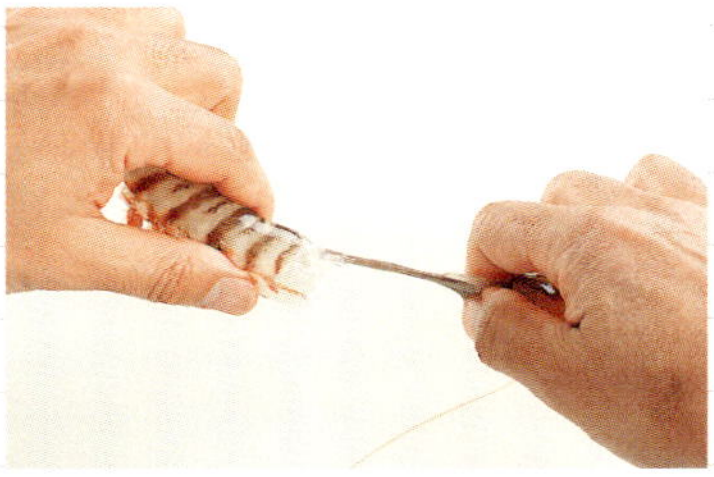

背ワタを右手の親指で押さえて、グッと静かに引き抜く。切らないようにそのまま引いて背ワタを抜く。

2 殻をむく

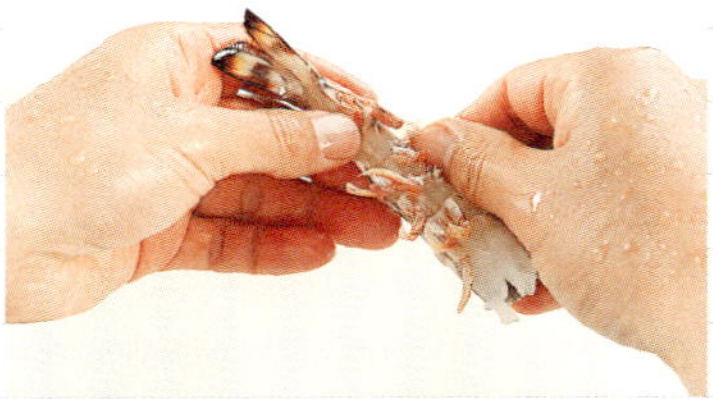

腹側は、足と殻の間に指を入れるようにして殻をむく。流水の下で行うとむきやすい。

残った足もむき取る。

3 背開きにする

背を右にして置き、背の中心に包丁で切り目を入れる。

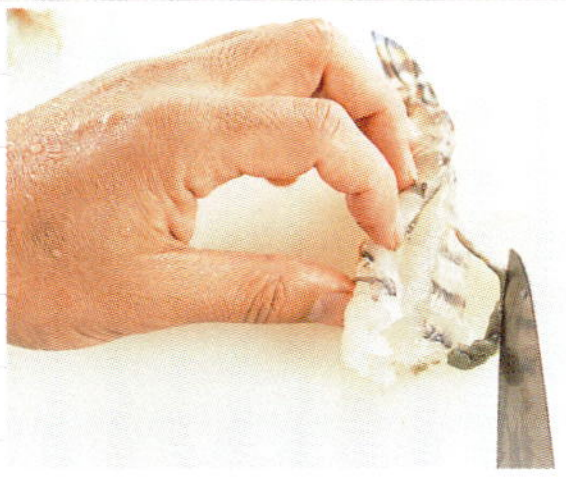

背ワタが残っていれば、この時に包丁でかき出す。

※写真は体長約38cm。

おさかなMEMO

カサゴ目コチ科

名前
一般にこちと呼ばれる種類（写真）は、和名マゴチ。
さばく包丁
出刃包丁
特徴・選び方
上から押しつぶしたような形で、頭のエラぶたの部分が幅広く、尾に向かって細くなる。背ビレ、腹ビレは鋭くとがって危険なので、最初に取る。表面にぬめりがしっかりあるものを選ぶ。

鯒 こち

関西以西では夏の魚といえば、こち。白く美しいその身は、洗いにすると夏ならではのすっきりとしたうまさ。日本人ならではの嗜好といえるでしょう。アラでだしをとった汁物もおすすめです。

1 ヒレを切る

とがった背ビレと腹ビレを最初に取る。頭を押さえ、尾側から包丁を入れて、付け根から切る。

2 ウロコを取る

尾から頭に向けて包丁でこすり、ぬめりとウロコを取る。エラぶたを開き、エラがつながっている膜を切っておく。

3 エラと内臓を抜く

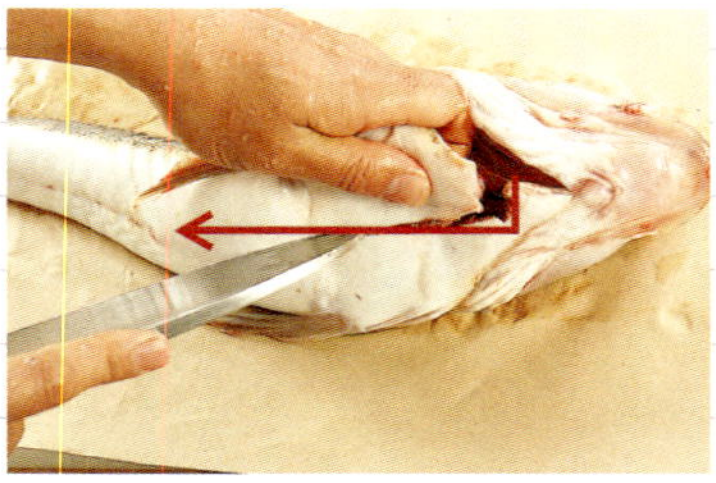

腹を手前にして包丁をエラぶたの中に差し入れ、腹の中ほどまで切り込む。包丁の向きを変え、腹を排せつ腔まで切る。

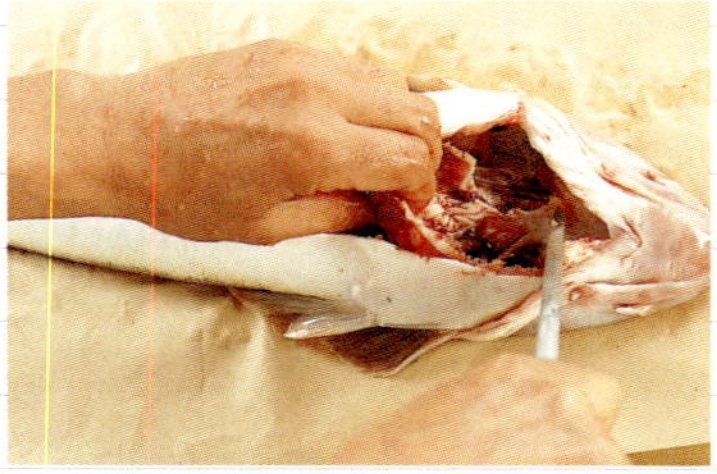

エラを引っ張って取ると、内臓もついてくる。流水で洗って腹の中の血合いも流して、しっかりと水けをふく。

こちの洗い

氷水にあててさっぱりと仕上げる、日本人ならではの夏の味です。

材料（4人分）

こち（刺身用。さく）…200g
わさび（すりおろす）…適量
きゅうり（皮をむいて輪切り）
　・紅たで…各適量
●しょうゆ

E50kcal　T40分

1 こちは皮を下にしてまな板に置き、皮と身の間に包丁を入れる。皮を左右に動かしながら引いてはぎ取り、腹骨、小骨を取って約5㎜厚さのそぎ切りにする。

2 ざるに**1**と氷適量を入れ、氷水を入れたボウルに浸す。ざるを揺りながら強い流水をあて（写真）、切り身の角が立ってきたら水けをきる。

3 清潔なふきんに**2**を1枚ずつ広げ、上からも乾いたふきんをかぶせてはさみ、押さえて水けをしっかり取り除く。

4 バットに紙タオルを敷いて**3**をのせ、ラップをして冷蔵庫で30分間ほど冷やす。わさび、紅たで、きゅうりなどと器に盛り、氷をあしらい、しょうゆを添える。

勢いの強い冷たい水にあて、シャキッと仕上げる。

4 頭を切り落とす

頭を左、背を手前にし、胸ビレのつけ根から包丁を入れて、中骨に当たるまで切る。反対側も同様にする。

最後に腹を上にして、中骨を節間で切り、頭を切り離す。

5 大名おろしにする

頭側を右、腹を手前にし、中骨の上に包丁を入れる。前後に動かしながら中骨に沿って切り進み、半身を切り離す。

魚体の上下を返し、反対側も頭側から包丁を入れて中骨の上を切り進み、半身を切り離す。

6 腹骨、小骨を取る

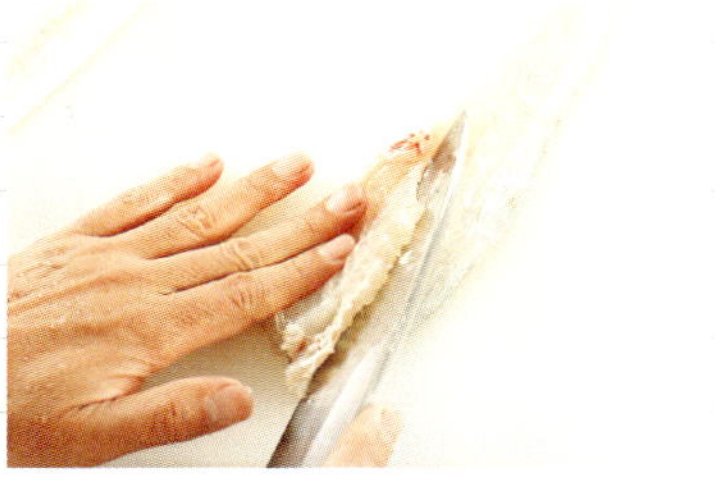

皮をひき、腹骨が残っているので、そぎ取る。最初は包丁の背側で腹骨の端を起こすと、包丁を入れやすい。

中骨に沿った位置に小骨があるので、それを指先で確かめ、その左側、右側の順に包丁を入れて、細長いさく2本にする。

※ 写真は殻の直径約12cm。

さざえ

海水浴の帰りなどに、さざえをお土産に買ってくることがありますね。刺身は殻をあける手間がかかりますが、つぼ焼きなら洗って焼くだけ。磯の香りがいっぱいに広がります。

1 殻から身を取り出す

ふたを下に向けて20 ～ 30分間おき、ふたがゆるんできたらテーブルナイフなどを透き間にさし、ひねりながら取り出す。取り出せない場合は、ふきんでさざえを包み、金づちでたたいて殻を割る。

ふた（左上）、身（足。右）、内臓（左下）に切り分けた。刺身で食べられるのは身の部分。

おさかなMEMO

古腹足目サザエ科

名前
まったく角のないものは「丸腰」、特に小型で角のないものは「姫さざえ」と呼ばれる。

さばく包丁
テーブルナイフ、文化包丁

特徴
大きなものは直径10cm以上になる巻き貝。大きさや角の数は生育場所によって異なり、波の穏やかな環境では、まったく角がないこともある。

さざえの刺身

コリコリとした食感。
かむと甘みがじんわり広がります。

材料（4人分）

さざえ（刺身用）…（大）2コ
はまぼうふう…適量
わさび（すりおろす）・しょうゆ…各適量
●塩

E30kcal　T30分

1 さざえは殻から身を取り出し、ふた、身、内臓に分ける（64ページ参照）。
2 身は流水でよく洗って水けをふき取り、そぎ切りにする。
3 はまぼうふうはサッと塩ゆでにし、氷水にとって水けをよくきる。6～7㎝長さに切りそろえる。
4 器に**2**を盛って**3**を添える。わさび、しょうゆをつけて食べる。

ふたが開いてくるので、しょうゆが中に入っていく。

さざえのつぼ焼き

磯の香りとしょうゆの香ばしさ。
夏ならではの味わいです。

材料（4人分）

さざえ…4コ
●しょうゆ

E50kcal　T15分

1 さざえはたわしで殻をよくこすり、きれいに洗う。
2 焼き網を強火で熱し、**1**のさざえをのせる。ふたがずれて泡が出てきたら、スプーンですくって除く。
3 しょうゆ小さじ1弱ずつをそれぞれの口にたらし（写真）、香ばしい香りが立ったら、器に盛る。ふたをはずして金ぐしなどをさし、貝の渦巻きと逆の方向に回しながら身を引き出す。

さば

鯖

さばは古くから庶民に愛されてきた魚。
塩焼きやみそ煮など、総菜料理としておなじみです。
また、姿は、魚の基本形といってもいい形。
ほどよい大きさで扱いやすくもあり、
三枚おろしに慣れるのにはうってつけです。
ぜひ挑戦してみてください。

おさかなMEMO

スズキ目サバ科

名前
一般にさばと呼ばれる種類（写真）は、和名マサバ。

さばく包丁
文化包丁

特徴・選び方
マサバは背が濃い青で黒い模様がくっきりとして、腹側には模様がない。秋から冬に脂がのる。ゴマサバは腹側に小さな黒い点が散っているのが特徴で、こちらは夏が旬といわれる。いずれも鮮度落ちが早いので、腹にピンとハリがあり、目のきれいなものを選ぶ。

ゴマサバ

※ 写真は体長約30cm。

1 ウロコを落とす

表面全体を尾から頭側に向けて包丁でこすってウロコを落とす。ヒレの周辺は残りがちなので、ていねいに落とす。

2 頭を切り落とす

背を手前にし、胸ビレを胴側に残すようにして、頭を垂直に切り落とす。

3 内臓を出す

腹側を、頭の切り口から排せつ腔（◯部分）まで切り開く。

切り目から内臓を出す。新鮮なさばの場合、ご飯粒のような形の寄生虫がいるのは主に内臓とその周辺。しっかりと確認して取り除く。

4 腹の中を洗う

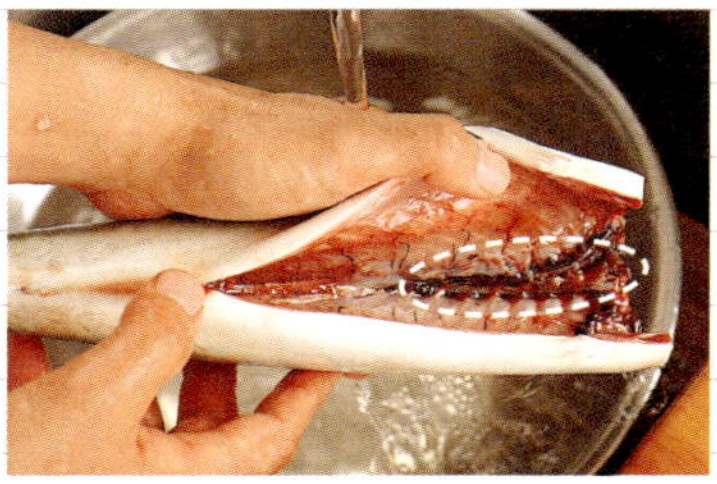

流水の下で、残ったウロコや内臓をサッと洗う。中骨に沿って血合い（囲み部分の筋状の血の塊）がついているので、これをきれいにこすり落とす。

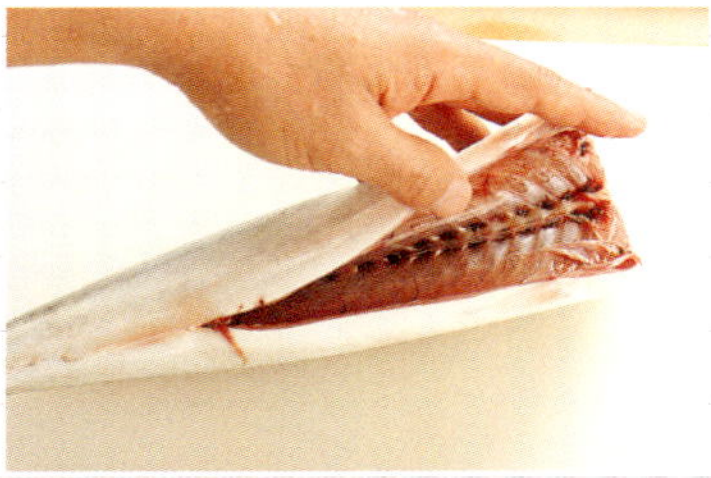

表面と腹の中の水けをふきんでしっかりとふき取る。

5 腹と背に包丁を入れる

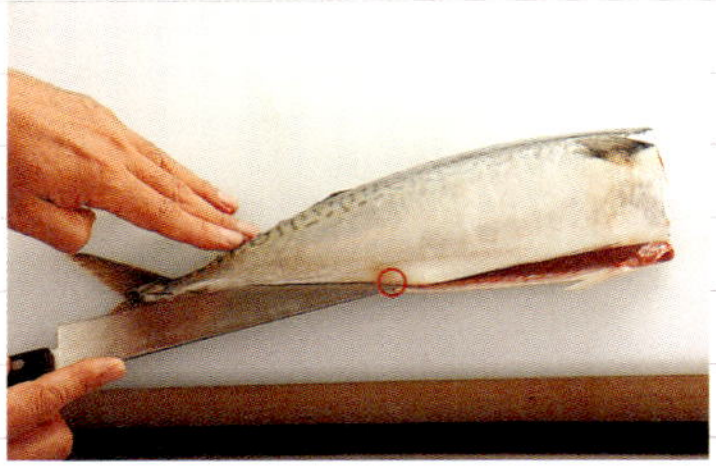

頭側を右、腹を手前にしておき、排せつ腔（◯部分）から尾の付け根までを中骨にあたるまで切り開く。

背を手前にし、背ビレのやや上の位置を目安にして、背側全体に包丁を入れ、中骨にあたるまで切る。

6 中骨から半身を切り離す

尾の付け根あたりに、背側の切り目から包丁を差し込む（a。刃を右に向けて持つと突き刺しやすい）。そのまま包丁の刃を左側に向けて持ち替える（b）。

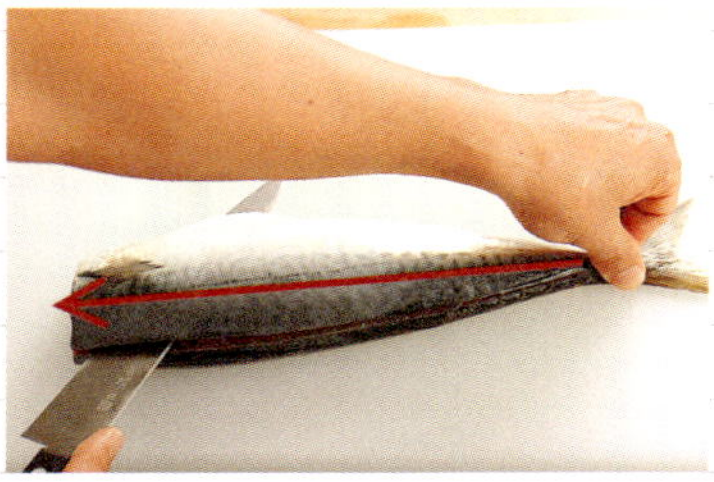

左側にまっすぐすべらせるように包丁を動かし、上側の身を中骨から切り離す（包丁は中骨と平行を心がけると、刃が中骨に当たりにくい）。

つながっている尾の付け根部分で、半身を切り離す。

二枚おろしになった。

7 反対側の身を切り離す

魚体を裏返し、背を手前にする。背ビレのやや上の位置を目安に背側に包丁を入れ、中骨にあたるまで切る。

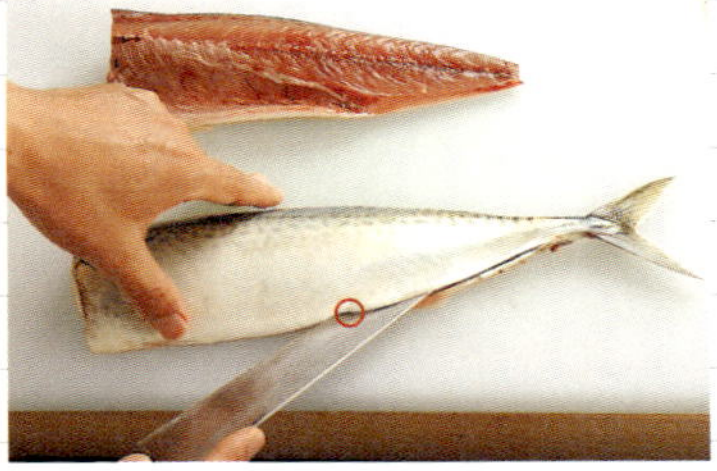

腹側を手前にし、尾のつけ根から排せつ腔（○部分）にかけてを、中骨にあたるまで切る。

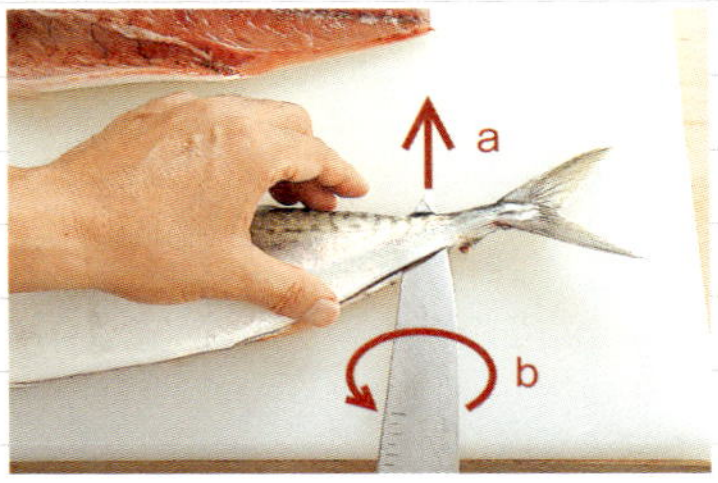

尾のつけ根あたりに、腹側の切り目から、逆手に持った包丁を差し込む(a)。刃を左に向けて持ち替える(b)。

包丁を左へすべらせて中骨から切り離す。つながった部分を切り離す。

三枚おろしの完成

さばのおろし煮

揚げたさばを大根おろしたっぷりの汁でサッと煮て。コクがあるのにさっぱりとした味わい。

材料（4人分）

さば…1匹（約700g）
大根…400g
青ねぎ…2本
A　だし…カップ1½
　　みりん…大さじ2
　　砂糖…大さじ2
　　うす口しょうゆ…大さじ4
●小麦粉・揚げ油
E350kcal　T50分

1 さばは三枚におろし（67～68ページ参照）、食べやすい大きさのそぎ切りにする。

2 大根はすりおろし、ざるに上げて水けを軽くきる。青ねぎは約5cm長さの斜め切りにする。

あまりかき混ぜず、上から煮汁をかけるようにする。

3 **1**に小麦粉をまぶし、余分な粉をはたき落とす。170℃に熱した揚げ油に入れてカラリと色よく揚げ、油をよくきる。

4 鍋にAを入れて火にかける。煮立ったら熱いから揚げのさば、大根おろし、青ねぎを加え、サッと煮て（写真）、器に盛る。

船場汁

大阪・船場が発祥とされる汁物。アラに塩をふり、クセを落とすのがコツ。

材料（4人分）

さばのアラ…1匹分（約200g）
大根…150g
青ねぎ…1本
しょうが…10g
昆布…（8cm角）1枚
粗塩…適量
うす口しょうゆ…適量
●塩

E40kcal　T3時間30分

1 さばのアラは血合いをていねいに洗い落とし、水けをふく。頭は縦半分に割って開き、エラを取り除く（写真A、B）。食べやすい大きさに切り、強めに粗塩をふり（写真C）、2〜3時間おく。

2 大根は短冊形に切る。青ねぎは斜め薄切りにする。しょうがはおろす。

3 **1**を流水で洗い、鍋に入れる。水カップ4½、昆布、大根も入れて強火にかけ、煮立ったらアクを取り、昆布を取り出す。中火にし、大根が柔らかくなるまで煮る。

4 塩少々・うす口しょうゆで味を調え、青ねぎを加える。椀《わん》に盛り、吸い口に**2**のしょうがを添える。

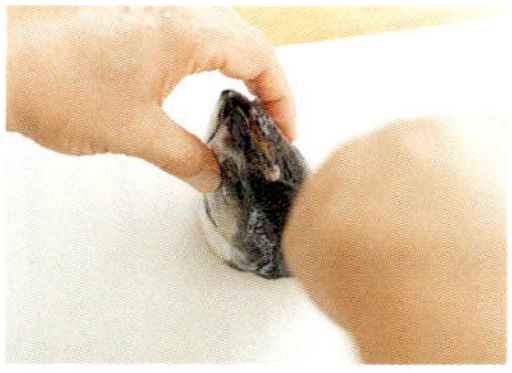

A 背側を手前にして置き、口の中に包丁の先を入れ、グッと下ろす。

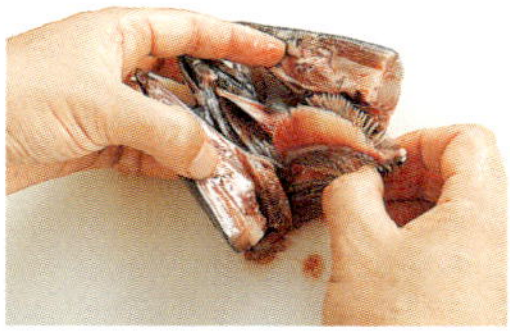

B 開いてエラをつかみ、引っ張って取り除く。

C 全体にまんべんなく粗塩をからめる。水分とともにクセを落とす。

さより

針魚

※ 写真は体長約30cm。

おさかなMEMO

ダツ目サヨリ科

さばく包丁

文化包丁

特徴・選び方

長く突き出した下あごが特徴で、新鮮なほど先端が赤い。背側が青銀色に光って美しく、腹は白く透明感があり、張りのあるものがよい。味は脂が少なく淡泊。春の魚として知られるが、晩秋もおいしい。

青銀色ですらりとした、きれいな魚です。でも、さばいてみると腹の内側は真っ黒。さよりのような人、といわれたら要注意です。細長い魚に適した「大名おろし」でさばき、まずは刺身に。昆布じめや椀《わん》ダネもおすすめです。

1 ウロコを取る

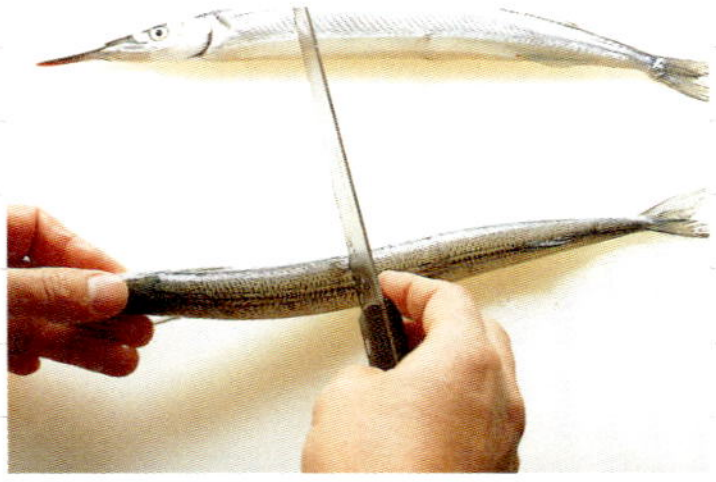

さよりに対して包丁の刃を直角に軽くあて、尾から頭のほうに向かって表面をこすり、ウロコを取る。

2 頭を落とす

背を上、頭を左に向けて置く。左手で胸ビレを起こし、その際に包丁をあて、頭を胸ビレごとまっすぐ切り落とす。

3 内臓を出す

頭側を上、腹を右に向けて置く。腹に包丁を入れて排せつ腔(○部分)まで切り開く。

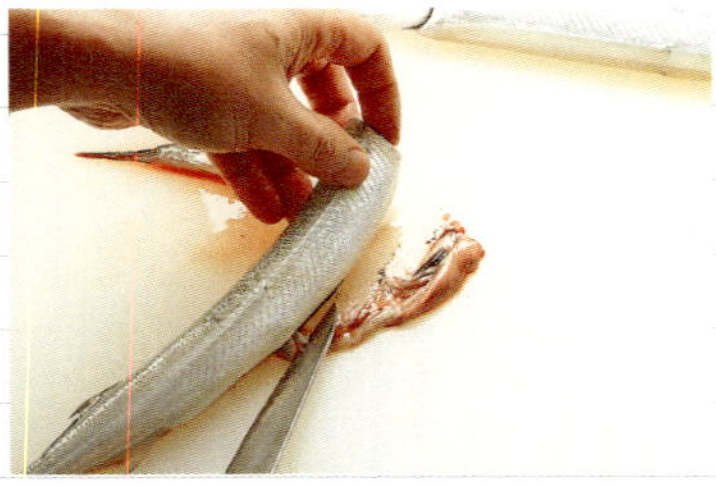

包丁の先で内臓をそっとかき出す。

さよりの刺身

すしダネにも使われる白身は、透き通るような美しさ。

材料（4人分）

さより（刺身用）…4匹（1匹約130g）

うど・わかめ（塩蔵）…各適量

わさび・しょうゆ…各適量

E60kcal　T30分

1 さよりは大名おろしにする（下記参照）。

2 うどは皮をむいて薄い短冊形に切り、水にさらして水けをよくきる。わかめは水で戻し、食べやすい大きさに切る。

3 さよりの身は皮をむいて斜めに細く切り、**2**とともに器に盛り、すりおろしたわさびを添える。しょうゆをつけて食べる。

大名おろしは中骨に身が多く残るので、捨てるのはもったいない。小麦粉を薄くまぶし、低温の揚げ油でじっくりと揚げると、おいしい骨せんべいになる

4 流水で腹の内側を洗う

指の腹で腹の内側を軽くこすり、黒い腹膜を落とす。中骨に沿ってついている血合い（筋状の血の塊）も洗い流し、水けをしっかりとふく。

5 大名おろしにする

背を上、頭側を右にして置く。頭側から包丁を入れ、中骨の上に沿わせながら包丁を前後に動かし、尾の付け根まで切り離す。右手は親指に軽く力を入れると、包丁が安定する。

上下を返して背を手前、頭側を右にし、身と中骨の間に包丁の中ほどを入れ、前後に動かしながら尾の付け根まで切る。

大名おろしの完成

6 腹骨などを取る

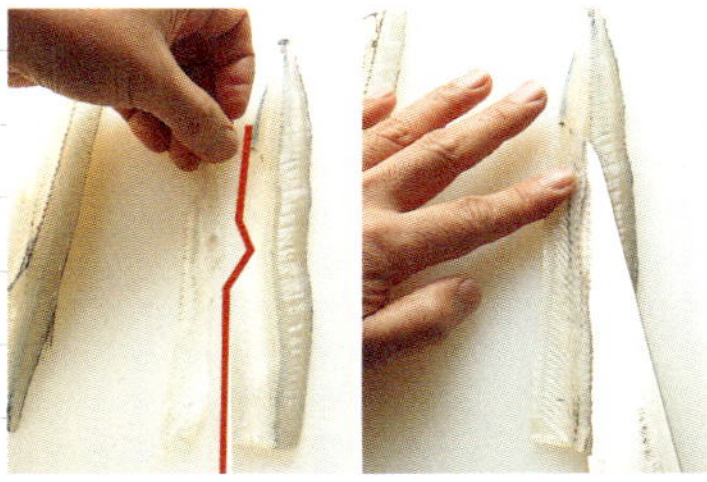

腹側を左に向け、皮側をまな板にぴったりつけて縦に置く。腹の身が薄いところに腹骨がある。ついている範囲を指先で確認し、包丁を寝かせて入れ、そぎ取る。腹ビレも三角に切って取り除く。

7 皮をむく

頭側から尾側に向けて、皮を引いてむく。身と皮の間に親指を差し入れるようにし、少しずつ進めるときれいにむける。

秋刀魚

さんま

秋の味覚の代表選手ともいえるさんま。夏の終わりから晩秋まで出回り、価格も安く、庶民の味方といえます。基本は塩焼きですが、ぜひほかの調理法も覚えてください。

おさかなMEMO

ダツ目サンマ科

さばく包丁

文化包丁

特徴・選び方

背が青く、腹側は銀白色。上下のあごがやや突き出し、魚体はスラリと細長い。北海道や三陸の沖合で漁獲されることが多い。魚体がピンとして腹にハリのあるものが新鮮。また、口の先が黄色いものは脂がのっているといわれる。

※ 写真は体長約25cm。

1 ウロコとぬめりを取る

包丁を魚体の表面にあて、尾から頭に向けて軽くこする。ウロコがあまり残っていなくても、ていねいに行っておく。

2 内臓を出す

胸ビレをつけて頭を垂直に切り落とし、腹を排せつ腔(◯印)まで切り開く。

内臓や腹の中にたまったウロコの塊などを包丁でかき出して取り除く。

3 腹の中を洗う

流水で洗い、腹に残った内臓や血合いも落とす。水けをしっかりとふいておく。

さんまのカリカリ揚げ

2種類の粉を重ねづけし、カリッとした食感に。カレー粉の風味がよく合います。

材料（4人分）

さんま…2匹（1匹200g）

下味

- しょうが汁…15g分
- しょうゆ・紹興酒*…各大さじ1

カレー粉…適量

●小麦粉・かたくり粉・揚げ油

E290kcal　T25分

*なければ酒でもよい。

1 さんまはウロコやぬめりを落として頭を切り、内臓を除いて洗う（72ページ参照）。4㎝長さの筒切りにする（写真）。

2 ボウルに**1**を入れ、下味の材料を加えてからめる。小麦粉大さじ4を加え、さんまの腹の内側まで、全体にまぶしたら、その上にかたくり粉適量をつける。

3 揚げ油を170℃に熱し、**2**を入れる。表面が薄く色づいてきたら火を少し弱め、5分間ほど揚げて火を通す。油をよくきって器に盛り、カレー粉をふる。

中骨ごと筒切りにするだけ。火が通ると骨離れがよくなるので、食べるときは簡単にはずれる。

さんまのフライパン塩焼き

魚焼きグリルがなくても大丈夫！
薄く粉をまぶして焼き色をつけ、ふたをして火を通します。

A 小麦粉をまぶすと、表面に香ばしい焼き色がつきやすい。

B 中まで火を通すため、ふたをして蒸し焼きにする。

C さんまから出る脂には青魚特有のクセがあるのでふき取る。

材料（4人分）
さんま…4匹（1匹200g）
すだち…2コ（横半分に切る）
大根おろし…適量
●塩・小麦粉・サラダ油・しょうゆ
E490kcal　T20分

1 さんまは表面を包丁でこすってウロコやぬめりを除き、水で洗う（72ページ参照）。水けをふいて長さを半分に切り、全体に塩適量をふり、小麦粉を薄くまぶす（写真A）。

2 フライパンにサラダ油大さじ2を中火で熱し、盛りつけるときに上になるほう（頭が左）を下にしてさんま2匹分を並べ入れる。色が変わったらすぐに裏返し、ふたをして弱火で約7分間蒸し焼きにする（写真B）。

3 ふたを取って紙タオルで脂をふき取る（写真C）。サラダ油少々を足し、さんまをもう一度裏返して火を強める。表面がパリッとするまで焼き、器に盛る。残りも同様に焼き、すだち、大根おろしを添えて、しょうゆ適量をかける。

しじみ

蜆

※ 写真は殻の幅約2cm。

みそ汁などで昔からなじみ深い二枚貝。砂抜きをするときは、あさりと異なり、真水を使うのがポイントです。

しじみの中国風炒め

辛みとにんにくの風味が食欲をそそります。冷めて味がしみてからでもおいしい。

材料（4人分）とつくり方

1 しじみ500gはヒタヒタの水に1時間ほどつけて砂抜きし、殻をこすり合わせてよく洗う。にんにく1かけは皮付きのままつぶす。

2 フライパンにごま油大さじ2、にんにくを入れて中火にかける。にんにくの香りがたったら、**1**のしじみ、豆板醤（トーバンジャン）小さじ$\frac{1}{2}$～1を加えて炒める。

3 **2**にしょうゆ大さじ$\frac{1}{2}$、塩小さじ$\frac{1}{3}$、紹興酒大さじ1を加えてふたをし、しじみの殻が開くまで蒸し煮にする。

E80kcal　T15分＊　＊砂抜きする時間は除く。

おさかなMEMO

マルスダレガイ目シジミ科

特徴

淡水または汽水域（海水と淡水が混じり合い、塩分が薄い）に生息する。ヤマトシジミが最も流通が多く、一年中出回る。マシジミは冬が旬で「寒しじみ」とも呼ばれる。琵琶湖特産のセタシジミも出回る。

※ 写真は体長約20cm。

舌平目

したびらめ

〝左ひらめに右かれい〟の言葉どおり、ひらめの名がつくしたびらめも、左側に目があるのが特徴です。ムニエル、から揚げ、煮つけなどで楽しめます。

おさかなMEMO

カレイ目ウシノシタ科

名前
クロウシノシタ（写真）のほか、体色が赤いアカシタビラメ、茶褐色のイヌノシタなどを総称してしたびらめと呼ぶ。クツゾコ、ゲタなどの別名もある。

さばく包丁
文化包丁

特徴・選び方
内臓を下にすると、頭が左になる。身に厚みがあり、表面にぬめりのあるものを選ぶ。

1 ウロコを取る

尾側から頭側に向けて包丁でこすり、ぬめりと細かいウロコを取る。背ビレ、尻ビレの上も包丁でしっかりとこする。

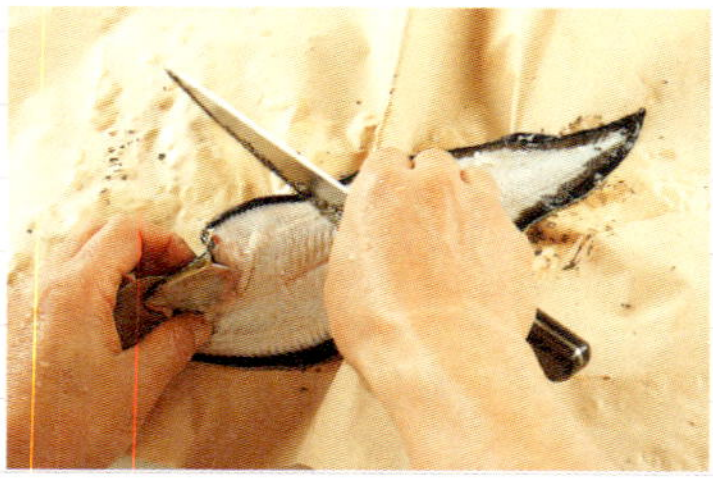

魚体を返し、裏側の白い面も包丁でこすり、ぬめりとウロコを取る。

したびらめのムニエル

両脇のヒレもパリパリと香ばしく焼いて。しょうゆを加えたソースが、白いご飯に合います。

材料（2人分）

したびらめ…2匹（1匹240g）

しょうゆバターソース

- バター…30g
- しょうゆ…大さじ1
- レモン汁…1/2コ分
- パセリ（みじん切り）…大さじ2

じゃがいも…（小）4コ

●塩・こしょう・小麦粉・バター

E380kcal　T30分

1 したびらめはぬめりとウロコを除き、頭と内臓を除いて洗い、水けをふいて表側の皮をむく（下記参照）。

2 じゃがいもは皮をむき、面取りをして水からゆでる。

3 したびらめの両面に塩・こしょう各少々をふり、小麦粉をまんべんなくまぶし、軽くはたいて余分な粉を落とす。内臓を抜いた腹の内側にも、忘れずにまぶす。

4 フライパンにバター40gを入れて中火にかける。溶けてブクブクと泡立つような状態になったら、したびらめの皮をむいた面を下にして並べ入れる（写真）。香ばしく色づいてきたら裏返し、裏面も同様に焼き（両面で10分～12分間が目安）、取り出してじゃがいもとともに器に盛る。

5 小鍋にソース用のバターを入れて中火にかける。バターが溶け、少し焦げてきたら残りの材料を加えてサッと混ぜ、**4**にかける。

メモ　したびらめを焼いたバターには独特のクセが出ている。これは揚げ油と同様に考え、新たにバターソースをつくるとおいしく仕上がる。

ふくらんだバターで魚が包まれるような火加減で焼くと、ヒレまでパリッと焼ける。

2 頭を切り落とす

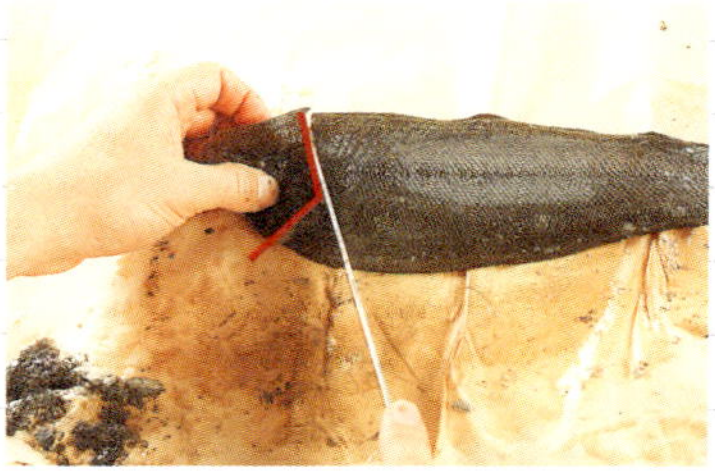

頭を左に向けて置き、エラぶたのすぐ右側に斜めに包丁を当て、頭を小さく切り落とす。

3 洗って水けをふく

流水で表面のぬめりやウロコを流す。内臓も指でかき出して腹の中も洗い、水けをしっかりとふき取る。

4 皮をむく

体色にかかわらず、表側の皮は堅いのでむく。頭側の切り口の端から皮をつまみ、尾側に向けて少しずつ、やや力を入れて引っぱる。すべりやすいときは、ふきんで皮を持つとよい。

表側の皮をむいた状態。裏側の白い皮は、むかなくても大丈夫。煮つけ、から揚げなどにする場合は、表側の皮もむかずに調理できる。

たい

鯛

おめでたい席で珍重され、
日本人に愛されてきた真だい。
魚の扱いに慣れてきた人なら、
一度はさばいてみたい魚でしょう。
冬から春にかけては脂ものり、
特においしくなる季節です。
刺身はもちろん、頭は煮つけに、
塩焼きにと楽しめますし、
小ぶりのたい1匹をのせた
炊き込みご飯も迫力の一品です。

おさかなMEMO

スズキ目タイ科

名前

一般にたいと呼ばれる種類(写真)は、和名マダイ。

さばく包丁

出刃包丁

特徴・選び方

体色は美しい赤で青い斑点が散る。ただし体色はえさによって多少変わり、赤い色は、えさであるえびやかにに含まれる色素に由来。養殖も盛んで一年中手に入るが、産卵前の桜の咲くころは「桜だい」、秋は「もみじだい」と呼ばれ、いずれも味がよい。逆に産卵後は「麦わらだい」と呼ばれ、味が落ちる。

※ 写真は成魚で体長約35cm。

1 ウロコを取る

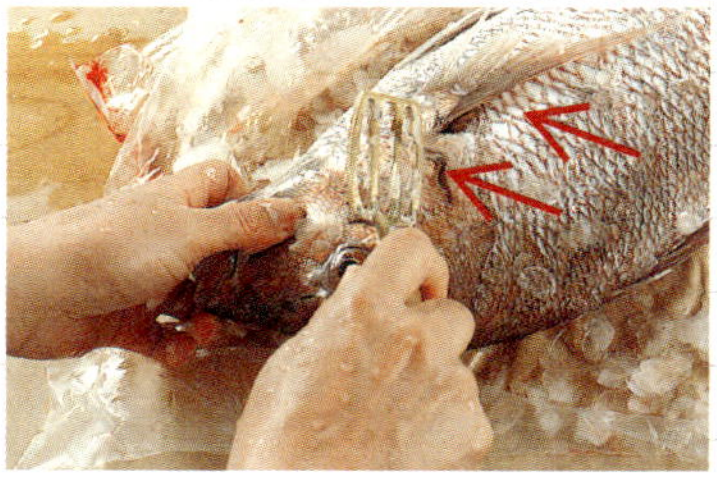

ウロコ引きを斜めに動かしてウロコを取る。ヒレの際や目のまわりも取る。

さらに包丁で尾から頭に向けてこすり、残ったウロコも取る。

2 エラと内臓を取る

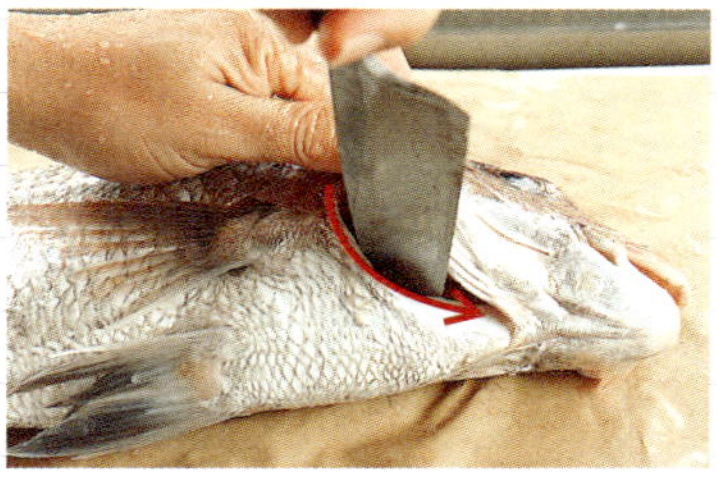

頭を右にし、カマに沿ってグルリと包丁を入れて、膜を切る。

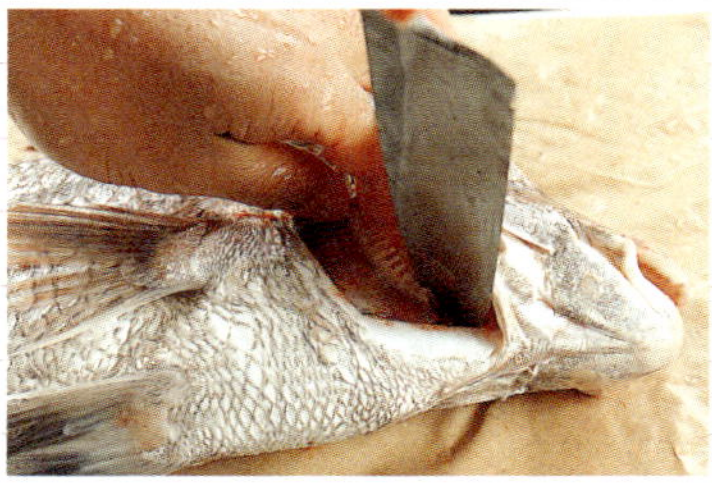

エラの下側の付け根を切る。

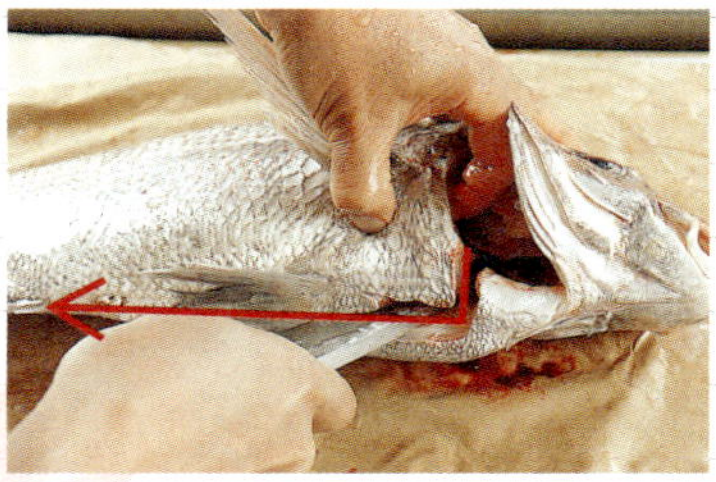

エラぶたの下を包丁で切り込み、腹ビレの間を排せつ腔まで切り開く。

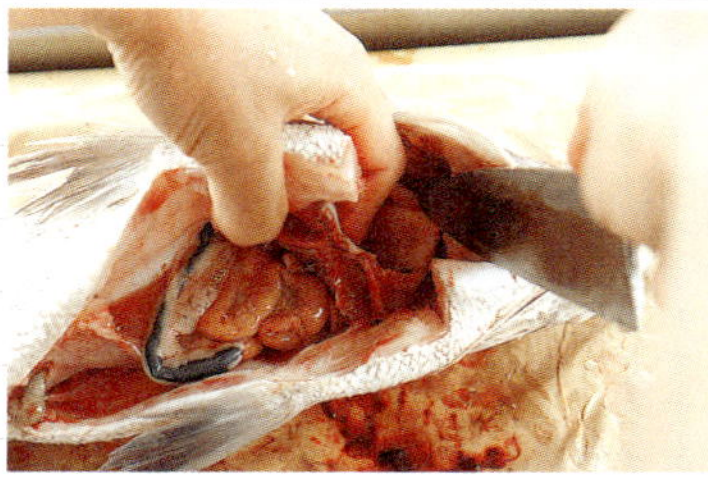

腹膜の頭側を切ったら、エラの上側の付け根も切る。

エラを持って引き、内臓ごと取る。

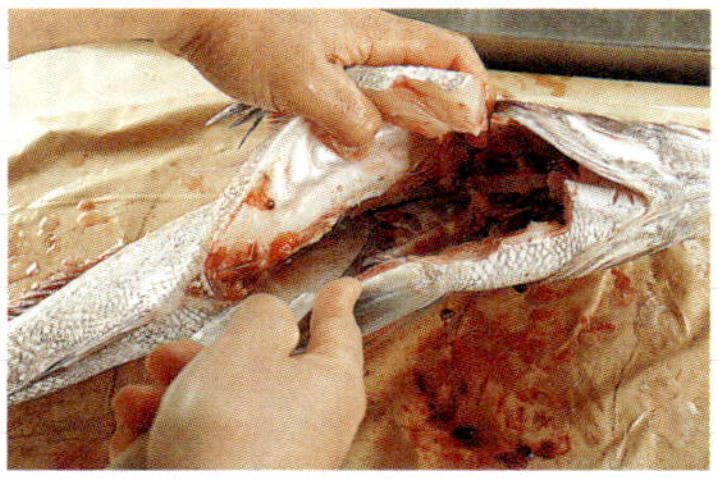

中骨に沿って腹膜に切り目を入れる。

3 流水で洗う。

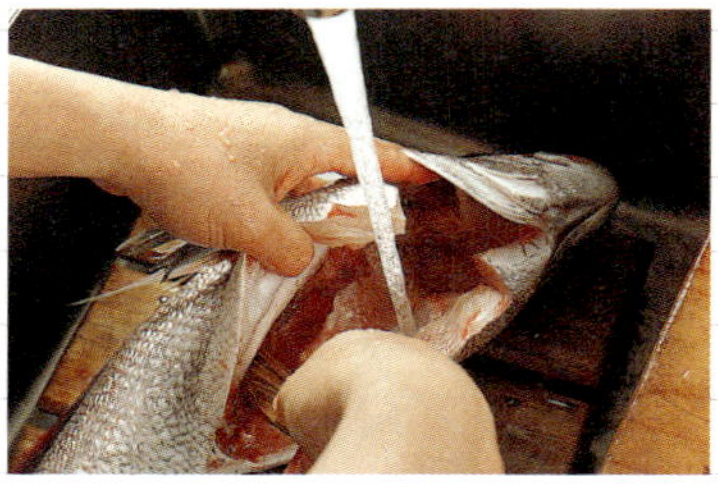

腹膜の切り目をささらでこすり、血合いを洗う。腹の中、表面全体も流水で洗い、残った内臓やウロコを落とす。

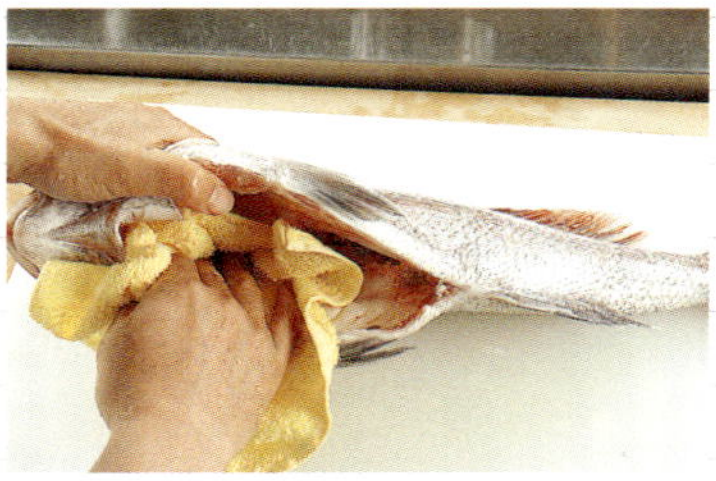

表面と腹の中の水けを、ふきんでしっかりとふき取る。

4 頭を落とす

頭を左、腹を手前にし、腹側から胸ビレの脇まで切り込む。

魚体を手前に回転させて背を手前にする。胸ビレを立てて付け根に包丁をあて、頭をなるべく小さく切る。

グッと力を入れて包丁を下ろし、頭の上部を切り離す。

5 三枚おろしにする

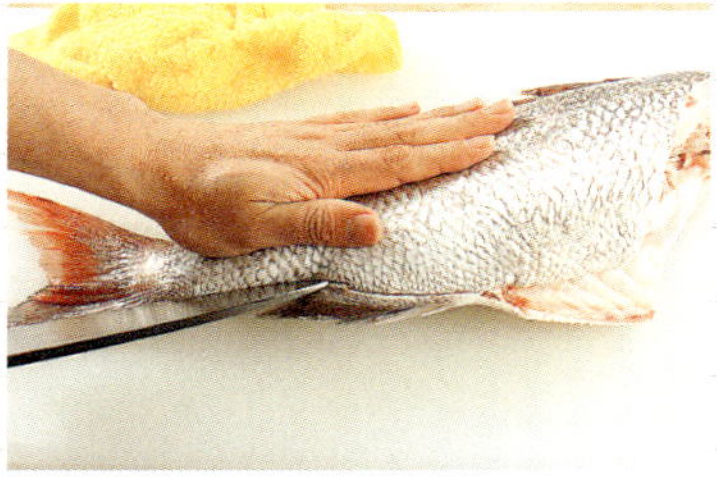

頭側を右、腹を手前にして置く。腹の切り目に包丁をあて、尻ビレの少し上を目安に引いて、まず皮を切る。

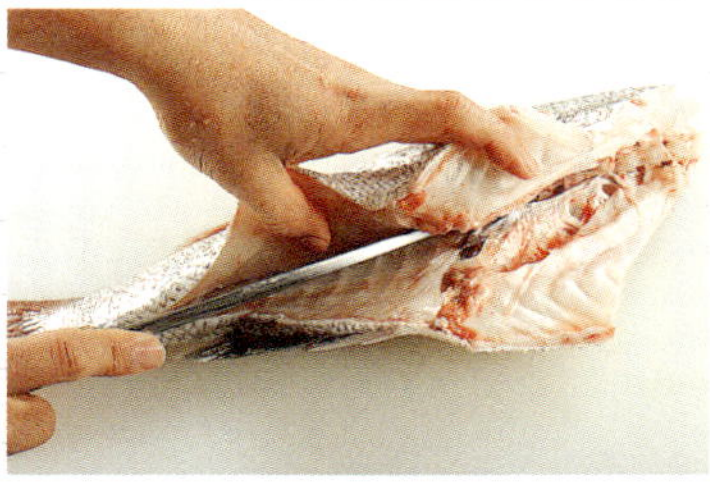

皮の切り目に包丁をあて、数回引いて、中骨に届くまで魚体の下側を切る。

5 三枚おろしにする（続き）

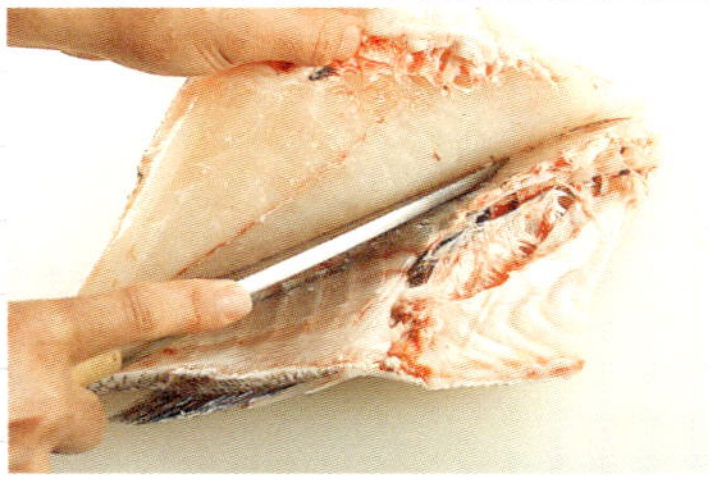

頭側から包丁を立てて入れ、中骨から腹骨を切り離す。背ビレに向かって数回包丁を引く。

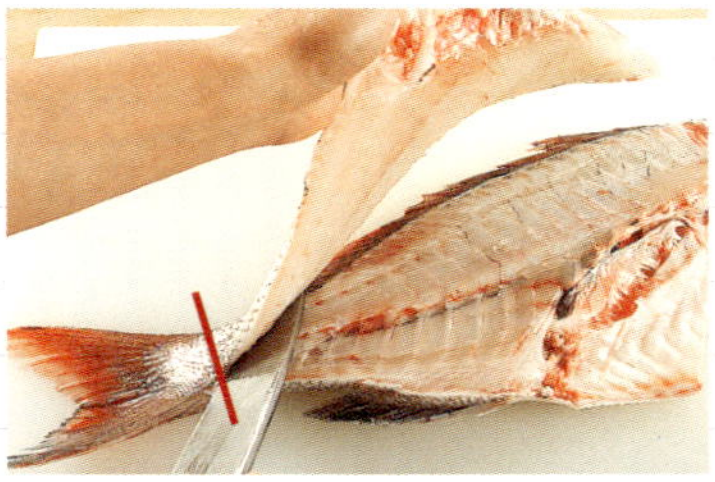

背側の身を骨から切り離し、半身がはずれる。尾の付け根で切り離すと、二枚おろしになる。

裏返して頭側を右、背を手前にする。背ビレの少し上を目安にまず皮を切り、数回引いて中骨に届くまで切る。

中骨まで来たら頭側に包丁をやや立てて入れ、腹骨を切る。

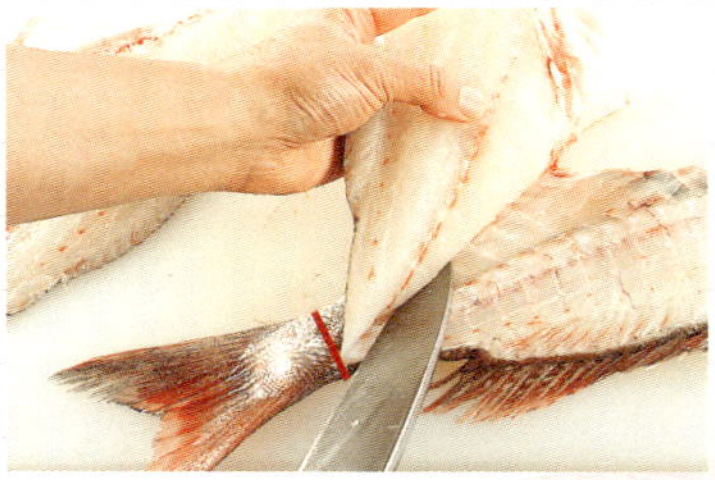

中骨を乗り越え、尻ビレに向かって数回包丁を入れて、半身を切り離す。

三枚おろしの完成

6 腹骨をそぎ取る

頭側を向こうにして縦に置き、包丁を返して持ち、腹骨の付け根を起こすように、下から上に切り目を入れる。

切り目から包丁を入れて、腹骨に沿うように引いて切り、そぎ取る。

7 さく取りする

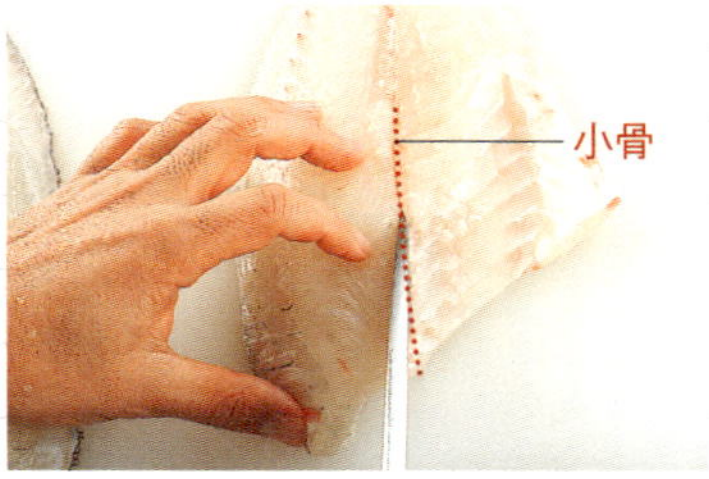

中骨に接していた部分をそっと指先でなでると、小骨があるのがわかる。小骨の左側に包丁を入れて左側の身を切り離す。

続いて小骨の右側に包丁を入れ、切り離す。左右の身が「さく」。

たいの皮霜造り

熱湯で皮に熱を通す〝皮霜〟なら皮のもつ濃厚なうまみも味わえます。

たいのアラ炊き

頭と中骨はゼラチン質が多く、うまみも濃厚。こっくりと甘辛い味に煮つけます。

材料（つくりやすい分量）

たいのアラ*

…1匹分（600～700g）

ごぼう…200g

A
- 水…カップ2
- 酒…カップ1
- みりん…大さじ4
- 砂糖…大さじ5

木の芽…適宜

●しょうゆ

E910kcal（全量） T45分

*たいの頭、中骨など。

材料（つくりやすい分量）
たい（皮つき。刺身用）
…1さく
大根・青じそ・芽じそ・
わさび…各適量
●しょうゆ
E370kcal（全量）　T20分

1 大根はせん切りにして水にさらし、水けをよくきる（けん）。ボウルに氷水をつくる。

2 巻きすの上に、皮を上にしてたいをのせる。巻きすの端を持って湯を沸かした鍋の上にかざし、玉じゃくしで皮に2～3回熱湯をかける（写真A）。

3 皮が白っぽくなったら、氷水に入れる（写真B）。冷えたら取り出し、水けをしっかりとふき、好みの厚さに切る。器に盛って大根、青じそ、芽じそをあしらい、すりおろしたわさびとしょうゆを添える。

A やけどに注意して手早く、皮にだけ湯をかける。

B 身が煮えないよう、すぐに氷水に入れる。

1 たいの頭は縦半分に割る（写真A）。左右に開き、下あごを切り離したら、食べやすい大きさに切る（写真B）。中骨はヒレを付け根から切り、食べやすい大きさに切る。流水で血合いなどを洗い、水けよくきる。

2 ボウルに**1**を入れて熱湯を注ぎ、菜ばしなどでサッと混ぜて表面に火を通す。すぐに取り出し、流水で洗い（写真C）、水けをふく。

3 ごぼうは皮をこそげて10㎝長さに切り、割りばし程度の太さに切る。長さをさらに半分に切り、水にさらしてアクをぬき、水けをきる。

4 鍋の底に**3**を敷いて**2**のアラを並べ、Aを加えて火にかける。煮立ったらアクをていねいに取り、落としぶたをして中火で5分間煮る。

5 しょうゆ大さじ4を加え、再び落としぶたをして12～13分間煮る。最後にしょうゆ大さじ1を加えてサッと煮て、器にたいのアラを盛り、ごぼうを添える。鍋を再び火にかけて煮汁を煮詰め、トロリとしたら上からかけ、木の芽を天盛りにする。

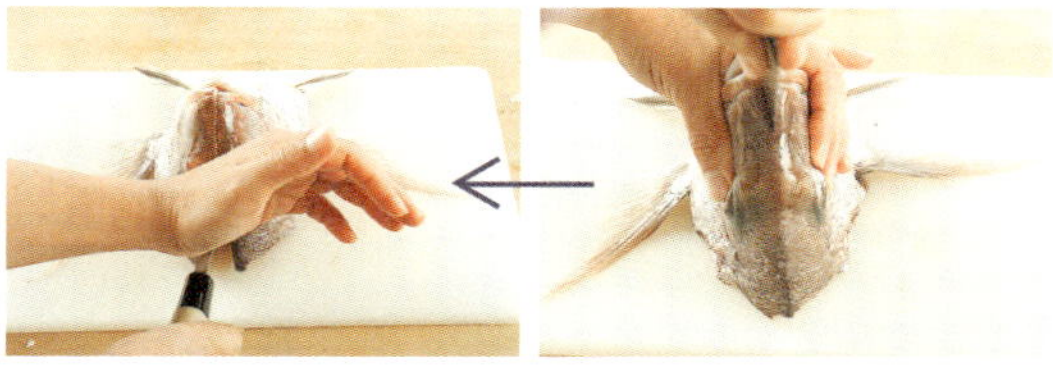

A 口の中に包丁を差し込み、左手で固定する。グッと下に切り下ろし、最後は左手のこぶしで包丁のみねをたたいて下まで切る。頭の処理は、難しければ鮮魚店に頼むのも1つの方法。

B まず表側のほほに包丁を差して口元にかけて切り、あとは返して裏側からたたき切る。

C 表面に火が入ると、残ったウロコも取りやすくなる。取り残しのないようていねいに。

たいご飯

小ぶりのたいを丸ごとのせた豪華な土鍋ご飯。身をほぐす前に、ぜひ炊き上がりを披露して。

材料(4〜6人分)

たい…(小)1匹(400〜500g)

米…カップ3(600㎖)

昆布…(10㎝角)1枚

A　うす口しょうゆ…大さじ1
　　酒…大さじ3
　　塩…小さじ1

木の芽…適宜(粗く刻む)

E540kcal　T1時間10分*

*米に水を吸わせる時間、炊く時間は除く。

1　米は炊く1時間前に洗い、ざるに上げて洗い米にする。

2　昆布は水カップ4に浸して30分間ほどおき、昆布だしをつくる。

3　たいはウロコを取り、エラぶたを持ち上げてエラの付け根を切って取り除く。頭を右にして置き、腹に7〜8㎝長さの切り目を入れる。切り目から内臓を引き出し(写真A)、腹の中と表面を洗って水けをふき取る。

4　**1**の洗い米を計量し、同量の昆布だしとともに土鍋に入れる。Aも加え、**3**のたいをのせる。土鍋の縁を、ふきん(てぬいぐいなどでも)でグルリと覆い(写真B)、ふたをして、ふきんを上側に上げておく(写真C)。

5　**4**の土鍋を強火にかける。煮立ったらやや火を弱め、3〜4分間たったらごく弱火にして12〜13分間炊き火を止める。ふたをしたまま10〜15分間蒸らす。

6　土鍋ごと食卓に運ぶ。まずたいの胸ビレなどを取り、はしで三枚におろす要領で身をはずし、頭と中骨を取り除く。腹骨、小骨をていねいに取り除いてから身をほぐし、木の芽を散らして、全体を軽く混ぜ合わせる。

A 内臓は包丁の先に引っ掛けて引き出すとよい。

B 土鍋とふたの間の透き間をふさぐと、高圧になっておいしく炊ける。

C ふきんが下に落ちると火がつきやすく危険なので、必ずふたの上にのせる。

たこ

蛸

※ 写真は体長約70cm。

おさかなMEMO

八腕形目マダコ科

名前

一般にたこと呼ばれる種類（左写真）は、和名マダコ。

さばく包丁

文化包丁、目打ち

特徴・選び方

大きさはいろいろだが、柔らか煮にするなら700gほどの小ぶりのものが向く。刺身用には、もう少し大きいほうが、足が太く造りやすい。吸盤がキュッと吸いつくものが新鮮。また、吸盤の大きさは不ぞろいなものは「乱れだこ」と呼び、やや堅い（右上写真）。

自分でゆでたたこは、
市販のゆでだことは別格。
ぜひ、魚屋さんで〝活け〟の真だこを注文して、
色よく、うまみも出る半生にゆでて
食べてみてください。
その香りのよさと味の濃さは、
格別の夏の味です。

1 胴を裏返す

目と目の間が急所。ここに目打ちを深く刺すと、たこがおとなしくなる。

袋状の胴は下半身と数か所でつながっているので、手で探りあて、包丁で切り離して胴を裏返す。

2 墨袋と内臓を取り除く

墨袋（矢印）は指先でつまんで引いて取り除く。

薄い膜で覆われた内臓は、膜ごと引っ張ると取れる。墨で身が汚れたら、洗ってきれいにする。

たこの柔らか煮

驚くほどの柔らかさと濃いうまみ。
大根でたたくのがポイントです。

材料（つくりやすい分量）
たこ（生）…1ぱい（700g）
煮汁
- 砂糖・しょうゆ…各カップ1
- みりん…大さじ3
- 水…カップ5
- 重曹…小さじ1/4

練りがらし
大根*…1本
●塩
E960kcal（全量）
T約1時間**

*たこをたたくためだけに使用。
洗ってほかの料理の食材として使う。
**冷ます時間は除く。

大根はあたりがほどよく柔らかく、たこを傷つけない。

1 たこは内臓を抜いて洗い、塩でもんでぬめりを落とす（83〜84ページ参照）。

2 大根でたこ全体をまんべんなくたたき、柔らかくする（写真。たこが700gより大きめの場合は、気長に20〜30分間たたく）。

3 鍋に煮汁の材料を入れて火にかける。煮立ったら、足でたこの胴をくるむようにして、足先から入れる。水でぬらした落としぶたをし、弱火で約25分間煮て火を止め、粗熱が取れるまでそのまま冷ます。

4 3を食べやすい大きさに切って器に盛り、練りがらしを添える。

保存　冷蔵庫で2〜3日間もつ。

3 目と口を取り除く

目は、まず外側から内側に指先で押し上げ、その周りに包丁で切り目を入れて取り除く。

口は、袋状の胴を下に向けて持ち、中心付近に親指の先をあててギュッと押すと、中心部分から出てくる。これを引っ張って取り除く。

4 塩でもんで、ぬめりを取る

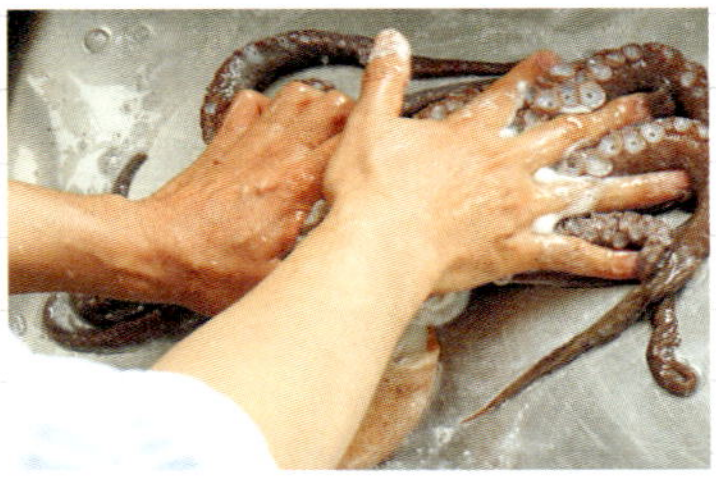

たこに粗塩大さじ1〜2をこすりつけてもむ。左手で目のわきを押さえ、足先に向かってぬめりをこそげ落とす。足の付け根は、特に念入りに。

2〜3分間もんだら、水でぬめりを洗い流す。表面にぬめりがなくなるまで、塩もみ、水洗いを繰り返す。

たこの刺身

皮をむいて、真っ白の美しい刺身に。真っ赤な梅干しだれを添えた夏の味です。

材料（4人分）
たこの足（刺身用）…2本
梅干し…1コ
青じそ…5枚
E30kcal　T15分

1 たこの足は縦に浅い切り目を入れ、切り目から皮をはぐ（写真A）。薄いそぎ切りにする（写真B）。

2 梅干しは種を除いて目の細かいざるで裏ごしし、水少々で薄める。

3 器に青じそを敷いて**1**のたこを盛り、あれば青もみじをあしらう。**2**を器に入れて添え、たこにつけて食べる。

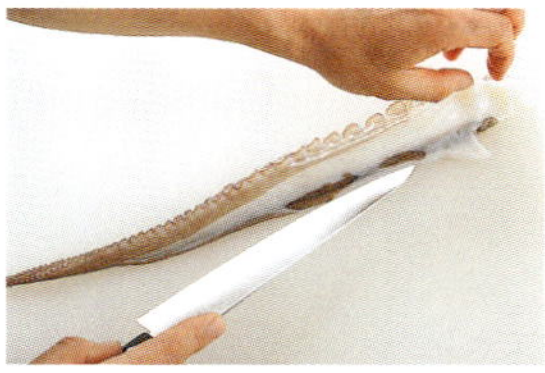

A 吸盤の脇にまっすぐ切り目を入れてから、皮と身の間に包丁を入れてグルリとはぐ。

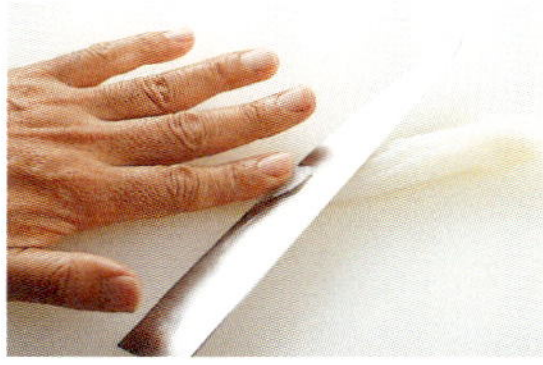

B 包丁をねかせて入れ、斜めに薄くそぎ切りにする。

たこのカルパッチョ

ハーブとオリーブ油が香る洋風の刺身。半生にゆで、皮のうまみも味わいます。

材料（つくりやすい分量）
たこ（刺身用）…1ぱい
パセリ…適量
セルフィーユ…適量
●塩・こしょう・オリーブ油
E570kcal（全量）　T30分

1 たこは内臓、目、口を取り、塩でもんでぬめりを除き、洗う（83～84ページ参照）。

2 たっぷりの熱湯を沸かし、たこを逆さに持って、足先から湯に入れる（写真A）。再び煮立つくらいで氷水にとる（半生にする。写真B）。

3 **2**の足は皮付きのまま、半分は薄いそぎ切りにする。残りの半分は斜めに2～3㎜幅に切り目を入れてから、食べやすい長さのブツ切りにする。胴の部分は細切りにする。

4 パセリはみじん切りにする。セルフィーユは粗くちぎる。

5 器に**3**のたこを広げて盛り、塩・こしょう各少々をふり、オリーブ油適量をかけ、**4**を散らす。

しっかりゆでるなら　たこを熱湯に入れ、再び煮立ってから3～4分間ゆで、ざるにのせて冷ます。

A 足先からクルンと丸まって、形よくゆでられる。

B 中は生のままで、皮はシャッキリとうまみの濃いゆで上がりに。

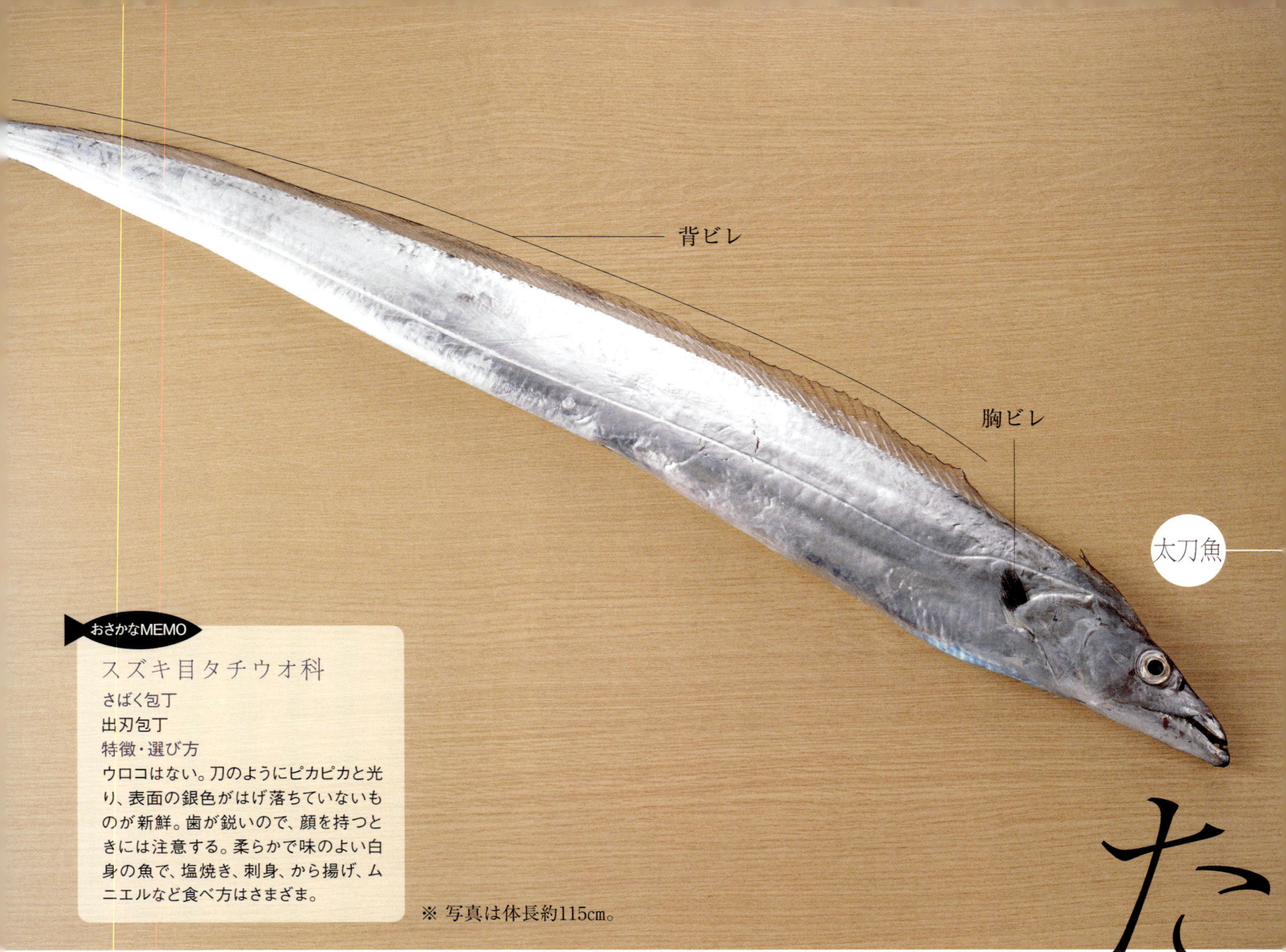

おさかなMEMO

スズキ目タチウオ科

さばく包丁

出刃包丁

特徴・選び方

ウロコはない。刀のようにピカピカと光り、表面の銀色がはげ落ちていないものが新鮮。歯が鋭いので、顔を持つときには注意する。柔らかで味のよい白身の魚で、塩焼き、刺身、から揚げ、ムニエルなど食べ方はさまざま。

※ 写真は体長約115cm。

たちうお

1匹の姿を見ると、スラリと薄く、長く、全身がキラキラと銀色に輝いて、まさに太刀そのものといった姿です。さばくのもやさしく、筒切りにするだけ。ただ、小骨が多いので、背ビレごと小骨を抜き取っておくと食べやすくなります。

1 頭を落とす

頭を左にして置く。胸ビレを立てて付け根に包丁をあて、頭をまっすぐに切り落とす。

2 内臓を取る

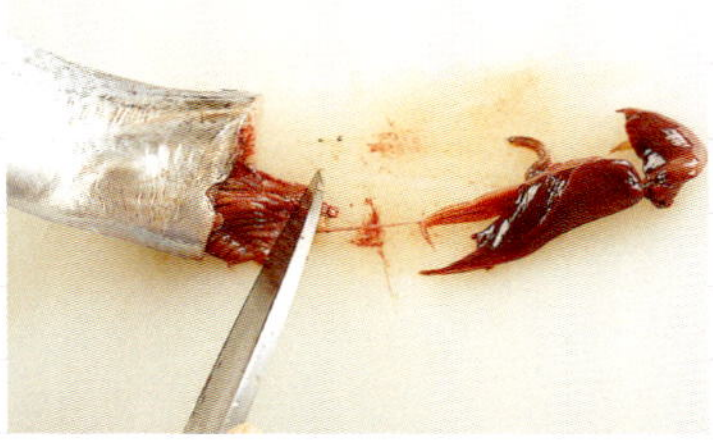

頭側を右にし、内臓を包丁の先で押さえ、魚体を引くと、スルリと抜ける。流水で表面と腹の中を洗い、堅く絞ったぬれぶきんで水けをよくふく。

3 背ビレを取り除く

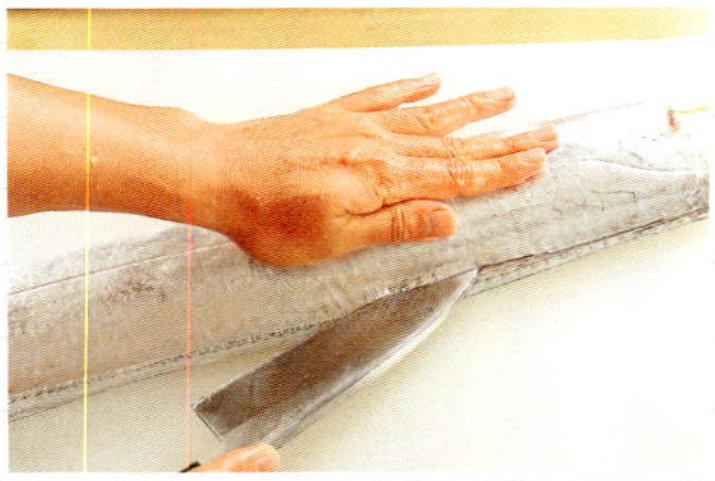

背ビレから内側（中骨）に向けて、堅く長い骨が出ているので、背ビレごと骨を抜く。背を手前に向けて置き、背ビレの2mmほど上に包丁をあてて引き、1cm深さに切り目を入れる。

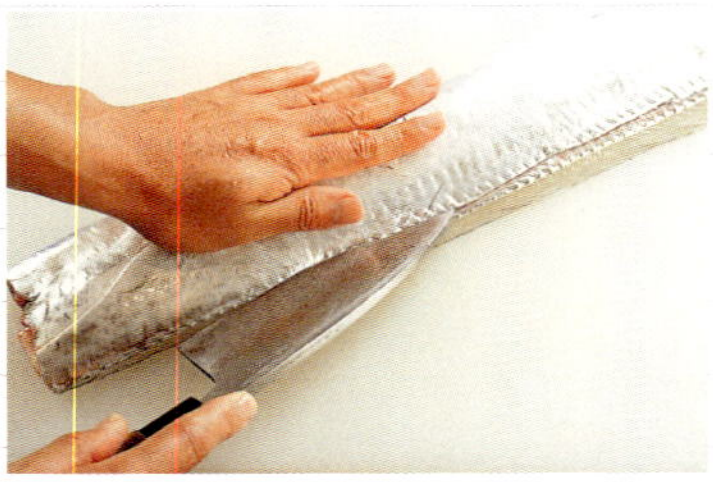

魚体を裏返し、同様に背ビレの2mmほど上に1cm深さの切り目を入れる。

たちうおの塩焼き

皮のうまみも感じられる塩焼き。大根おろしを添えて、さっぱりと。

材料(4人分)

たちうお(切り身)…4切れ

大根おろし…適量

●塩・しょうゆ

E430kcal　T30分

1 たちうおは紙タオルなどで水けをふき取り、両面に格子状の飾り包丁を入れる(写真)。

2 全体に塩を薄くふり、そのまま10分間おく。水けをふき、もう一度全体に塩を薄くふる。

3 魚焼きグリルを熱し、たちうおを入れて両面をこんがりと焼く。器に盛って大根おろしを添え、しょうゆ適量をかけて食べる。

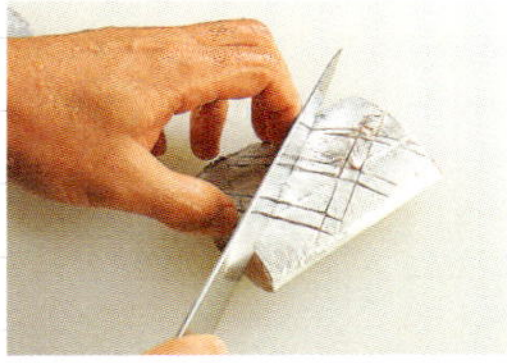

格子状の飾り包丁は、たちうおによく用いられる切り方。火の通りがよくなり、見栄えもよくなる。

端のほうから、背ビレの付け根を包丁の刃元で押さえ、やや力を入れて魚体を引いて、骨ごと背ビレを抜く。少しずつ場所をずらし、背ビレをすべて取り除く。

4 切り身にする

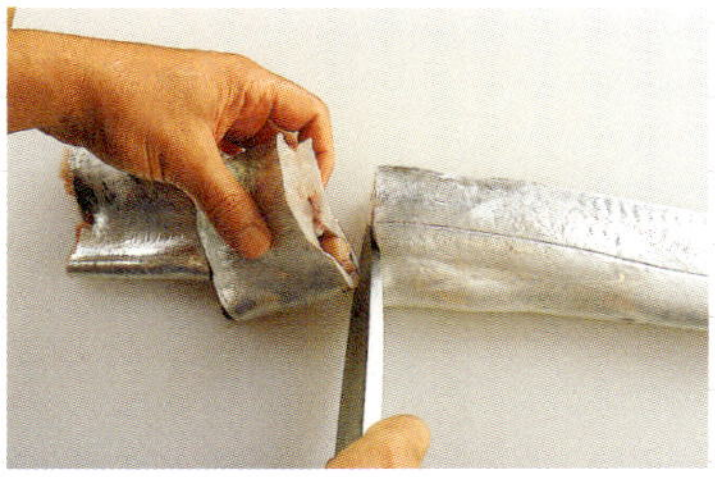

好みの幅に骨ごと筒切りにする。1切れ170g程度を目安に、厚みがあるときは小さく、薄めのときはやや大きくする。

蛤

はまぐり

あさり同様、古来から食されてきたはまぐり。砂抜きをし、殻をこすり合わせてよく洗う下ごしらえは、あさり（14ページ）と同じです。

※ 写真は殻の幅約4cm。

おさかなMEMO

マルスダレガイ目
マルスダレガイ科

特徴

殻はなめらかで光沢がある。貝がふっくらとしているため、栗《くり》の実の形に似ていることから名付けられたという説もある。国産のハマグリは激減しており、チョウセンハマグリ、シナハマグリの流通が多い。

はまぐりの潮《うしお》汁

はまぐりのうまみを味わいつくすなら潮汁。貝は煮すぎず、うまみを残します。

材料（4人分）とつくり方

1 はまぐり12コ（300g）は塩水に約1時間つけて砂抜きし、殻をこすり合わせてよく洗う（14ページのあさり参照）。

2 菜の花1/2ワは塩ゆでし、4～5㎝長さに切る。柚《ゆ》子《ず》の皮適量は黄色い皮だけを薄くそぎ取る。

3 鍋にはまぐり、昆布（10㎝角）1枚、水カップ4を入れて火にかける。沸騰したら火を弱め、しっかりとアクを取る。しばらく煮て昆布を取り出す。

4 貝の口がすべて開いたら、味をみて塩少々、うす口しょうゆ適量で味を調える。椀《わん》に菜の花とはまぐりを盛って汁を注ぎ、柚子の皮をあしらう。

E20kcal　T20分＊　＊砂抜きする時間は除く。

ぶり

鰤

おさかなMEMO

スズキ目アジ科

名前

関東地方では育つにつれワカシ→イナダ→ワラサ→ブリと呼び名が変わり、関西地方ではツバス→ハマチ→メジロ→ブリと変わる。

さばく包丁

出刃包丁

特徴・選び方

家庭でさばくにはイナダ（ハマチ）程度のサイズまでを選ぶ。養殖ものの出回りも多く、天然ものに比べて脂が強い。

※ 写真は体長約50cm。

ぶりは大きくなるにつれて名前が変わる出世魚です。
ぶりになると体長が1mにもなるので、
家庭のまな板でさばけるのは
いなだ（写真）くらいのサイズまで。
小さいと脂もあっさりしていて
ぶりほどくどくなく、また別の味わいがあります。

1 ウロコを取る

ステンレス製の金だわしで魚体の表面をこすり、細かいウロコを落とす。

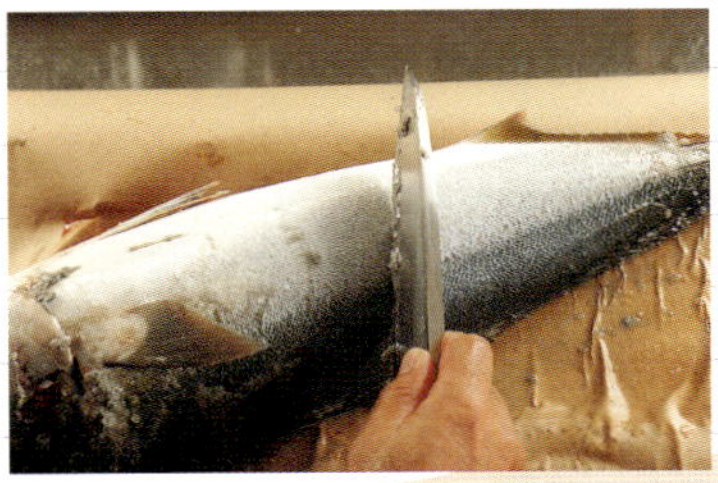

さらに包丁でこすって、ウロコをきれいに落とす。アラも食べるので、頭についたウロコもていねいに取る。

2 エラと内臓を取る

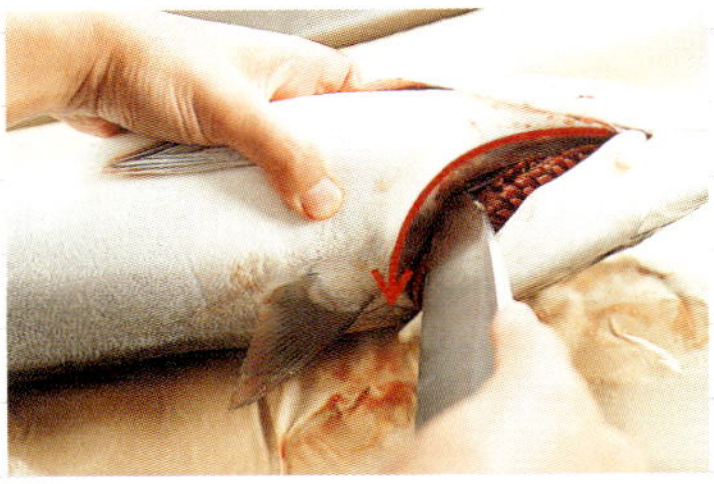

カマに沿って包丁をグルリと入れ、膜を切る。

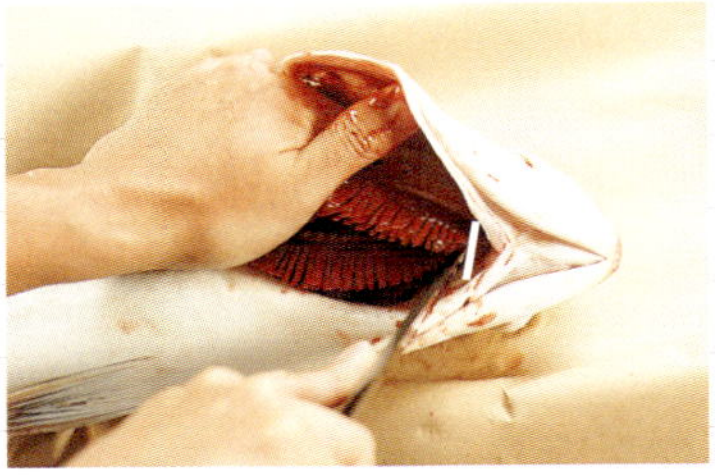

エラの付け根を包丁で切り離す。

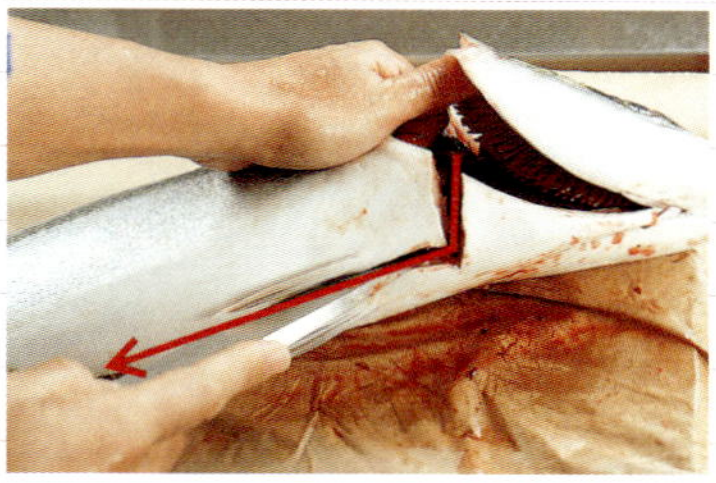

エラぶたの下を包丁で切り込み、腹ビレの間を排せつ腔まで切り開く(矢印)。

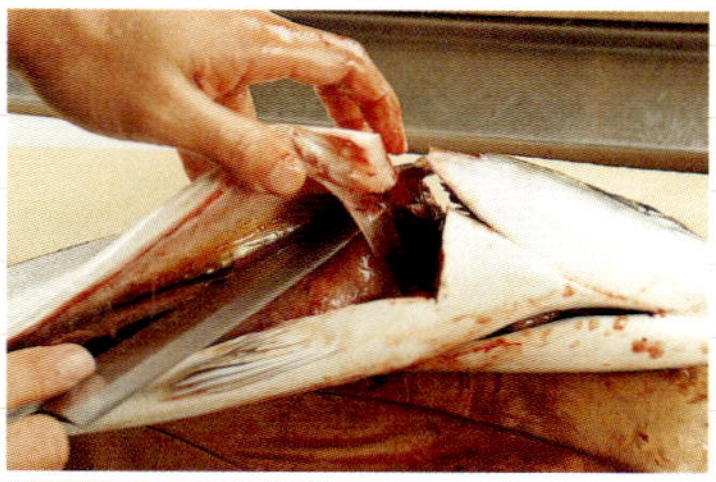

腹膜の頭側に切り込みを入れる。

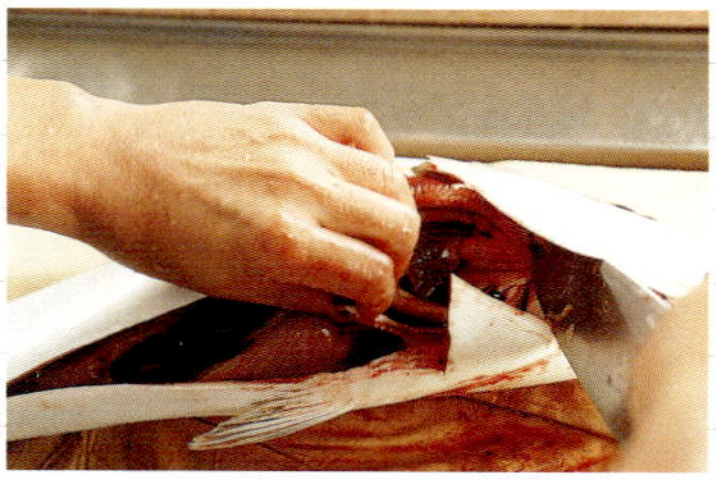

エラを持って引き、内臓ごと取る。

3 血合いを切って洗う

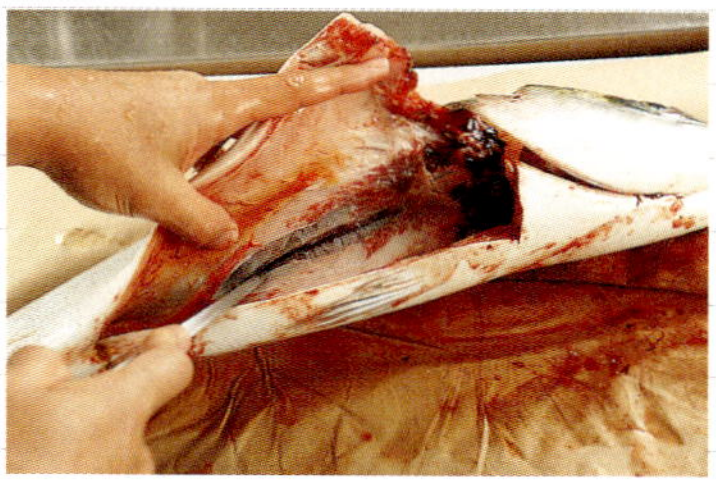

中骨に沿って腹膜に切り目を入れる。

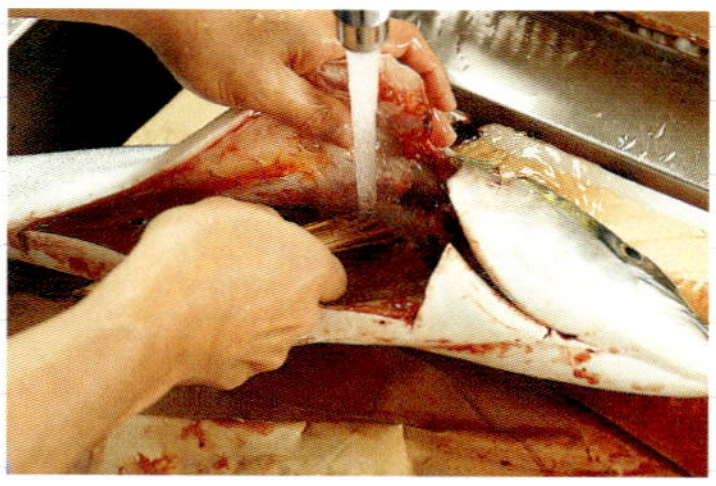

ささらを使い、血合い(筋状の血の塊)をていねいに洗い流す。表面と腹の中も流水で洗い、しっかりと水けをふき取る。

4 頭を落とす

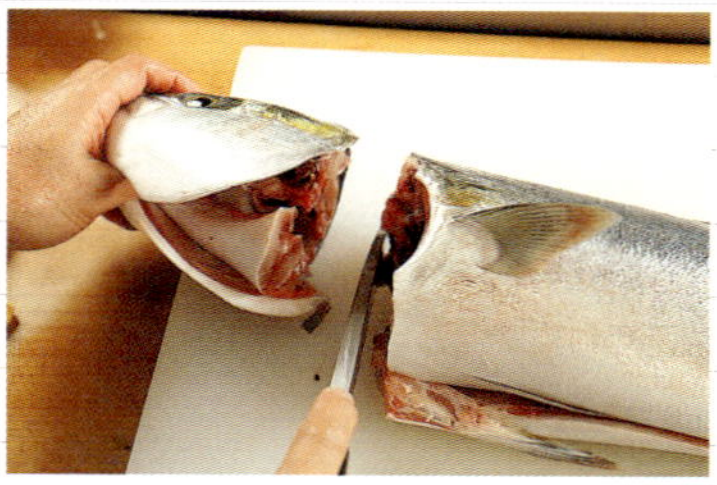

胸ビレを残して頭をまっすぐに、小さく切り取る。

5 三枚おろしにする

頭側を右、腹を手前にし、尻ビレの少し上を目安に包丁を数回引き、刃先が中骨に届くまで魚体の下側を切る。

背を手前にし、背ビレの少し上を目安にして、刃先が中骨に届くまで切る。

包丁を中骨の上に通し、尾ビレを押さえながら包丁を左へ動かし、腹骨を切り離していく。

半身がはずれ、二枚おろしになった。

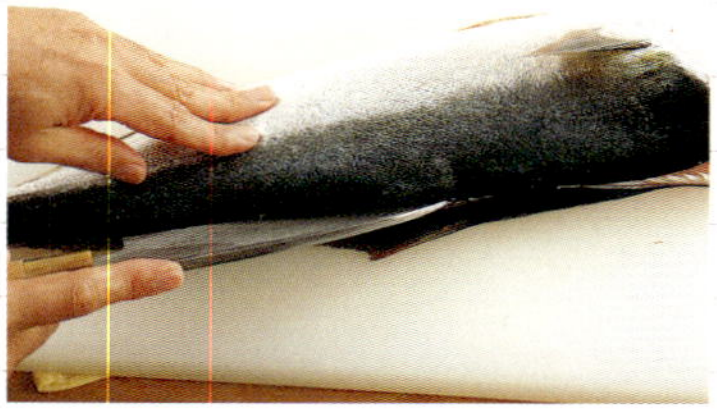

魚体を裏返し、背側を手前にして置く。背ビレの少し上を目安にして、刃先が中骨に届くまで切る。

頭側を左、腹を手前にし、尻ビレの少し上を目安に包丁を数回引き、刃先が中骨に届くまで切る。

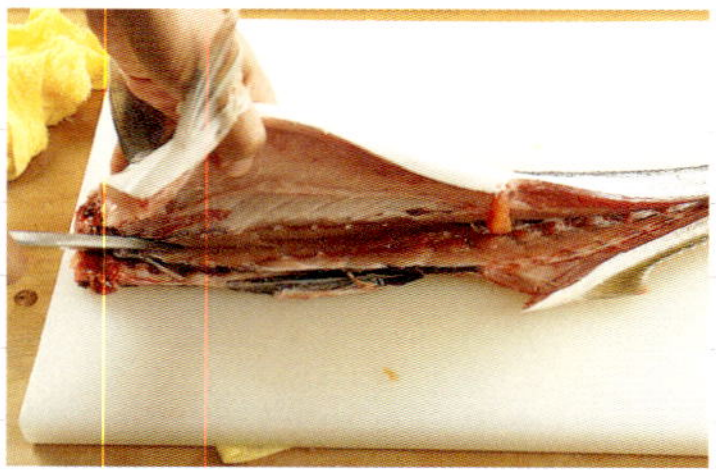

頭側の切り口から、中骨のすぐ上に包丁を立てて入れ、腹骨を中骨から切り離しながら切っていく。

三枚おろしの完成。

6 カマを切り取る

頭側の骨のある部分がカマ。脂がのり、身がしまっているので、胸ビレごと大きく切り身にし、塩焼きにするとよい。

いなだの刺身

若魚のいなだは、ぶりよりも柔らかく、あっさりした脂で生食にも向きます。

材料（4人分）

いなだ（刺身用）…1さく

大根…適量

青じそ4枚

すだち…2コ

わさび…適量

●しょうゆ

E120kcal　T20分

1 大根は皮をむいてごく細いせん切りにし、水にさらす。ざるに上げ、水けをしっかりときる。すだちは横半分に切る。

2 いなだは皮を引いて7～8㎜幅に切る（平造り）。

3 器に青じそを敷き、**1**の大根を後ろに盛る。**2**を盛り、すだち、すりおろしたわさびを添える。しょうゆをつけて食べる。

ぶり大根

頭やカマ、中骨などのアラのうまみを大根に移します。

材料（4人分）

ぶりのアラ…600g

大根…800～900g

しょうが…50g

煮汁

- 水…約カップ6
- 砂糖…大さじ6
- みりん…大さじ4
- しょうゆ・たまりじょうゆ*…各カップ¼

●しょうゆ

E350kcal　T1時間20分

*こっくりとしたおいしそうな色になる。しょうゆで代用可。

温度が下がらないよう、1～2切れずつ入れて霜降りにする。

1 ぶりのアラは大きめの一口大に切る。鍋に湯を沸かし、ぶりを1～2切れずつ入れ（写真）、表面が白くなったら水にとる。流水で洗い、ウロコや血合いをきれいに洗い落とし、ざるに上げて水けをきる。

2 大根は皮をむいて回しながら乱切りにする。しょうがは皮付きのまま4～5㎜厚さに切る。

3 鍋にアラと大根を入れ、煮汁の水（かぶるくらいに調節）を入れて火にかける。煮立ったらアクや泡を取ってしょうがを散らし入れ、砂糖、みりんを加えて水でぬらした落としぶたをし、中火で約10分間煮る。

4 しょうゆ、たまりじょうゆを加えて再び落としぶたをし、約40分間煮る。時々アクを取り、煮汁を全体に回しかける。最後にしょうゆ大さじ1を加え、ひと煮立ちさせて器に盛り、煮汁をかける。

ほうぼう

魴鮄

関西ではあまり見かけなかったほうぼう。
関東地方や、もっと北の
寒い地域ではおなじみの魚ですね。
表面に少しぬめりがあるので、
細かなウロコといっしょに、しっかり取りましょう。
ねっとりとした白身は刺身はもちろん、
ブイヤベース、アクアパッツァなど
火を通した料理にもおすすめです。

おさかなMEMO

カサゴ目ホウボウ科

さばく包丁

出刃包丁

特徴・選び方

胸ビレの前に、３本の足のようなもの（胸ビレ遊離軟条）があり、これで海底を歩くように移動したり、えさを探したりする。胸ビレの内側は、濃青色の縁取りと斑点が鮮やかで美しい。目がしっかりとして透明感のあるものを選ぶ。

※ 写真は体長約28㎝。

1 ウロコを取る

表面のぬめりと細かいウロコを包丁でこすって取る。魚体が筒状で安定しにくいが、ヒレの付け根や腹側までしっかり落とす。

2 エラと内臓を取る

エラぶたを持ち上げ、グルリと膜を切って、エラのつながった部分を切る。

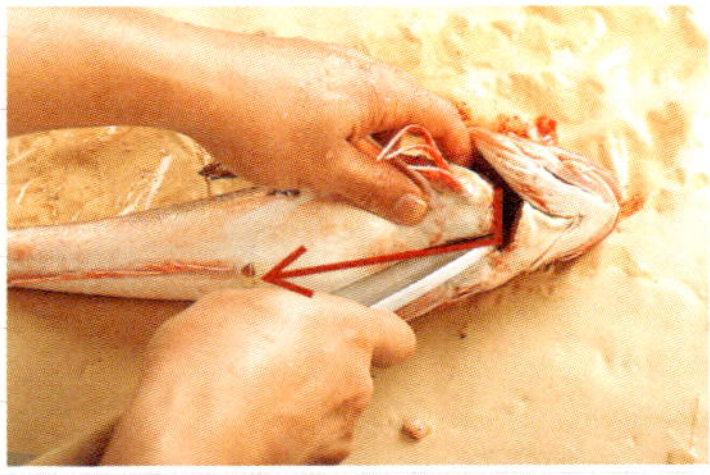

エラぶたの下に包丁を差し入れ、3本の足状部分（胸ビレ遊離軟条）の右側に切り目を入れる。包丁の向きを変え、腹の中央を排せつ腔まで切り開く（矢印）。

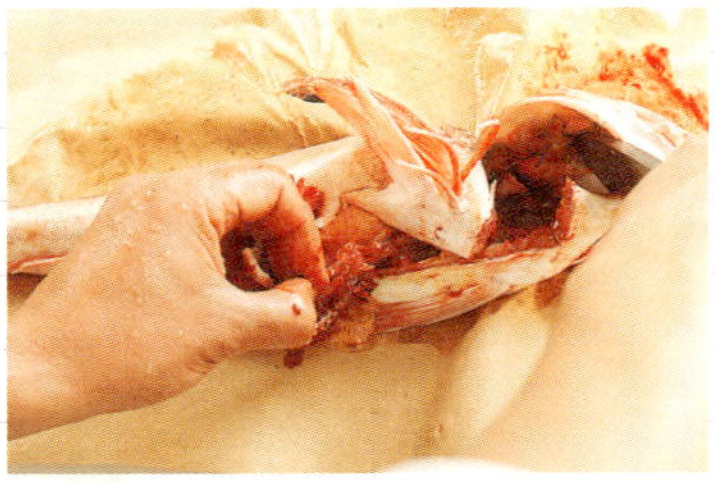

エラを持って尾側に引き、エラと内臓を合わせて取り除く。白い球状の浮き袋も取る。

3 血合いを切って洗う

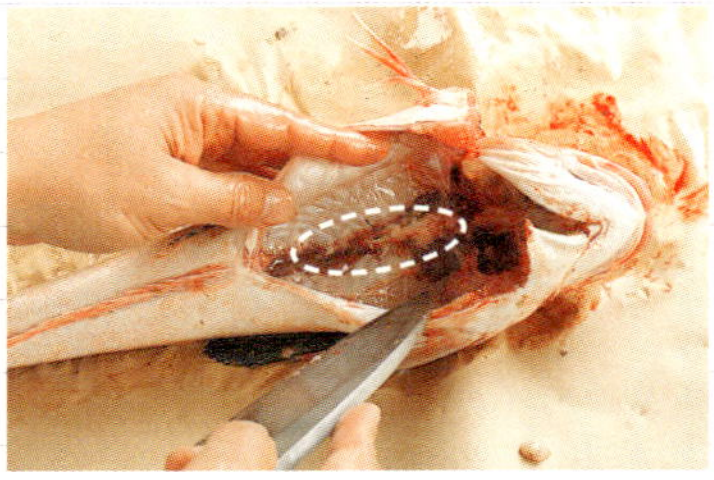

中骨に沿って腹膜を切り、血合いを出す。

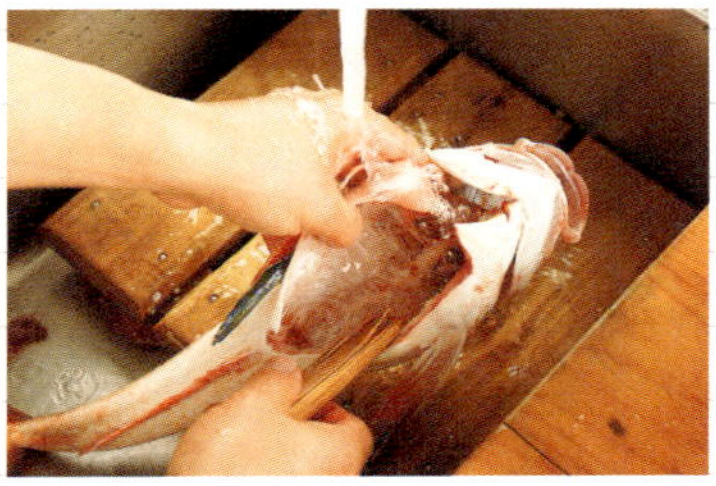

流水の下で血合いをささらなどでこすり、洗い落とす。全体を洗い、しっかりと水けをふき取る。

4 頭を切り落とす

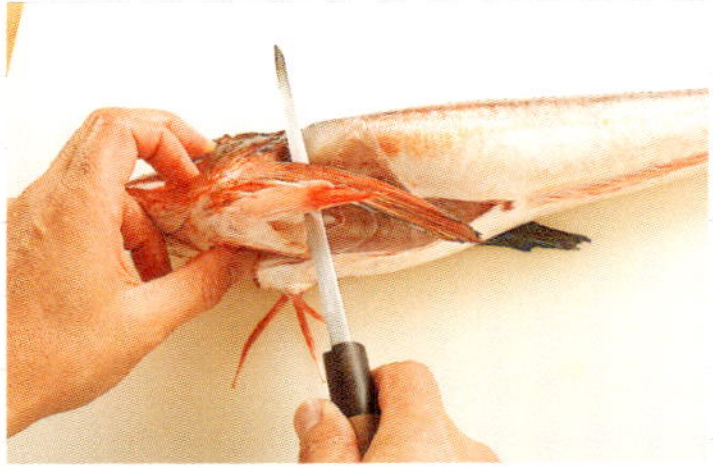

頭を左にして置く。胸ビレの脇に包丁をあて、魚体の腹側を中骨に当たるまで切り込む。

背側を手前にし、切り目の延長線上で包丁をグッと下ろし、頭を切り離す。

5 大名おろしにする

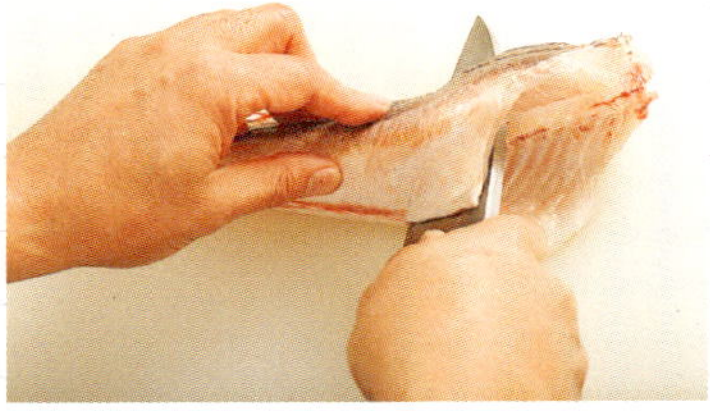

頭側の切り口から、中骨の上に沿って包丁を入れ、前後に動かしながら上側の身を切り離す（中ほどまでは腹骨を切るので、やや力を入れて）。

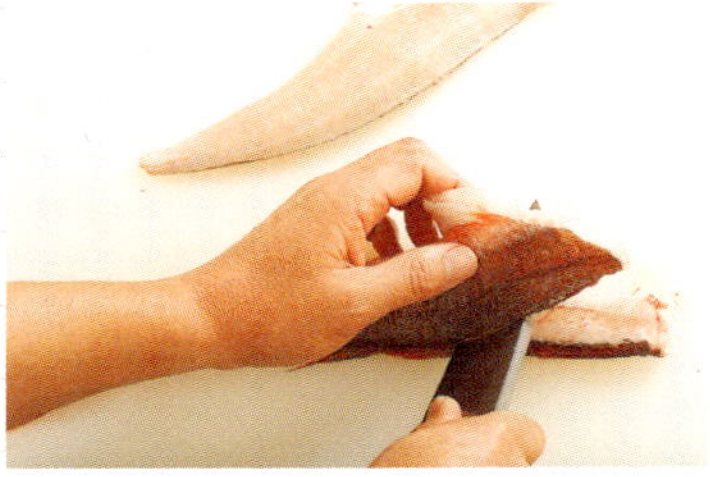

裏返し、同様に中骨の上に沿って包丁を前後に動かして、半身を切り離す。

大名おろしの完成

6 腹骨をそぎ取る

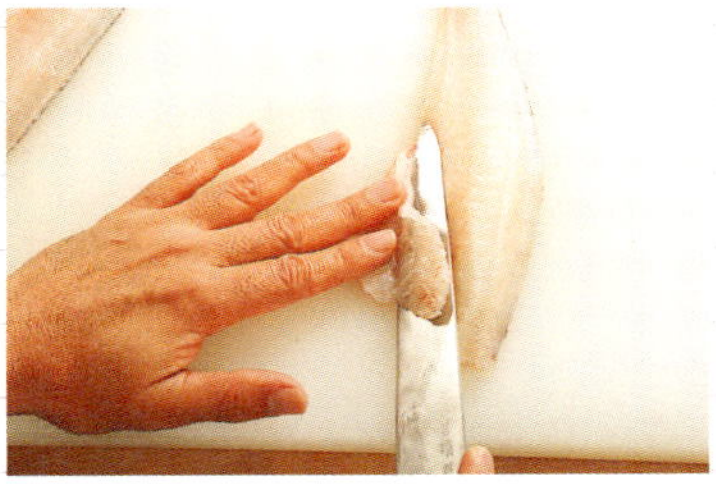

腹骨の端に包丁をねかせて入れ、そぎ取る。

ほうぼうのカルパッチョ

シンプルな刺身もいいが、時にはひと味加えても。ゆでたねぎの甘みもポイントです。

材料（4人分）
ほうぼう（刺身用）…1さく
ねぎ…1本
A　オリーブ油…大さじ4
　　うす口しょうゆ…大さじ2
　　酢…大さじ2
わさび…適量
E150kcal　T20分

1 ねぎは1cm幅の斜め切りにする。しんなりするまでゆでて、ざるに揚げて水けをきる。ボウルにAを混ぜ合わせ、ねぎを加える。

2 ほうぼうは3〜5mm厚さに切り（写真。新鮮なほど薄めに）、器に盛り、**1**をかけてすりおろしたわさびを添える。

斜めに3〜5mm幅に切る。そぎ切りではなく、包丁はまっすぐに下ろして。

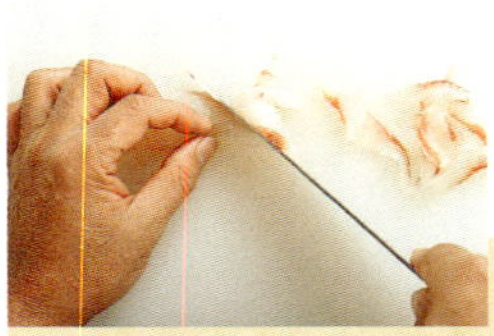

7 小骨を取り除く

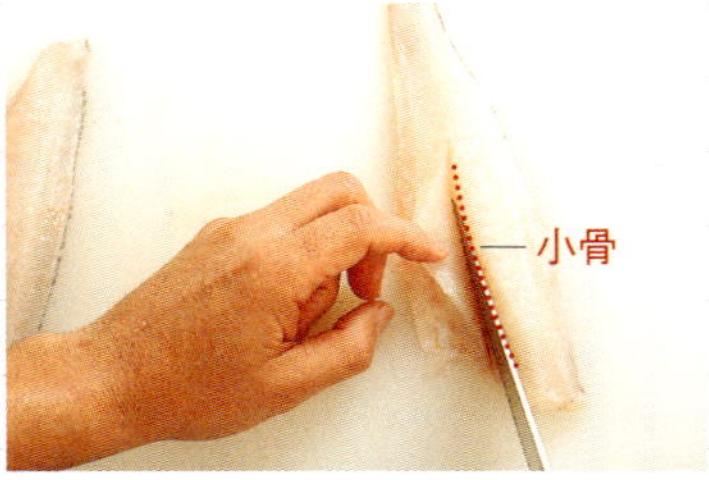

中骨に接していた中央の縦一直線を指でそっと触り、小骨を確認する。小骨の左際に包丁を入れ、左側の身を切り離す。

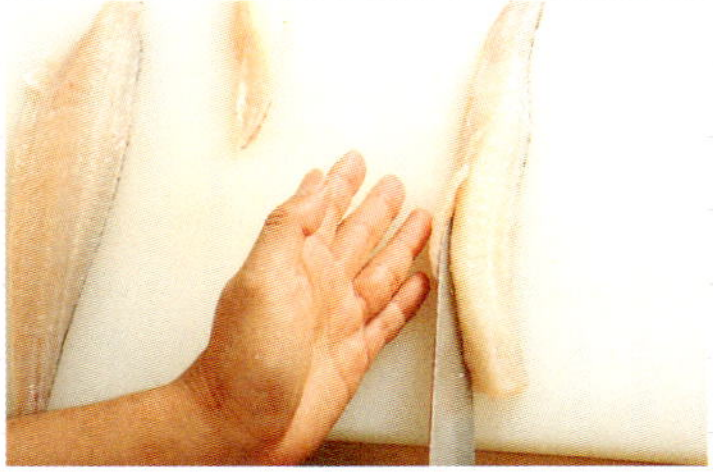

次に小骨の右際に包丁を入れ、小骨をそぎ取る。小骨はカーブしているので、その角度に沿って包丁を引くこと。

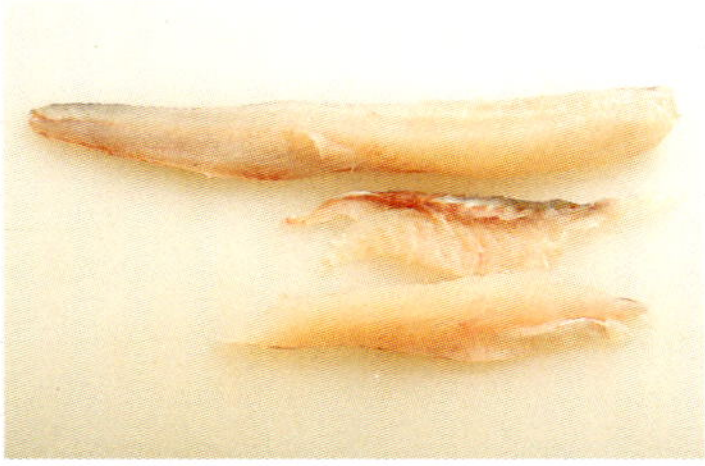

小骨（中央）をそぎ取り、半身から細い2つのさくが取れた。

8 皮をひく

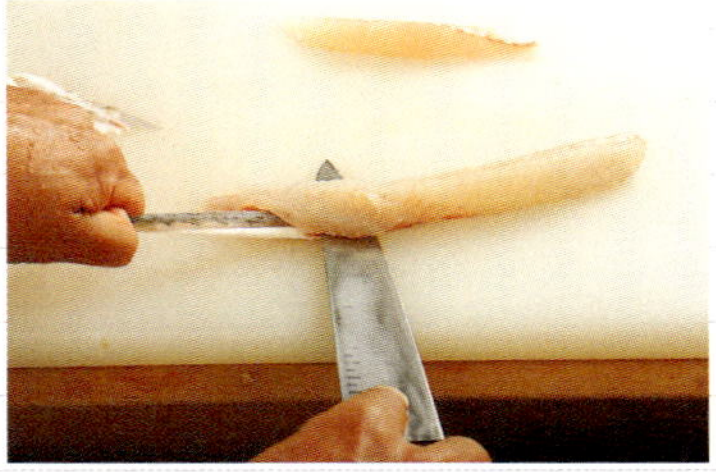

刺身にするときは皮を除く。尾側から身と皮の間に包丁を入れ、皮を前後にふりながら引いて取り除く。

ほうぼうのブイヤベース

ほうぼうのアラやえびの殻でだしをとった濃厚なスープ。魚の身は最後に加え、煮すぎないようにします。

材料(4人分)

ほうぼう…2匹(1匹600g)

えび(有頭。殻付き)…4匹

たまねぎ…1/2コ

にんじん…80g

にんにく…(小)2かけ

サフラン…大さじ1

ブランデー…大さじ2

トマトペースト…30g

白ワイン…カップ1

アイオリソース

- 卵黄(新鮮なもの)…2コ分
- にんにく…2かけ(すりおろす)
- オリーブ油…カップ1/2
- 塩…小さじ1/2
- こしょう…少々
- パセリ…1/2ワ(みじん切り)

●塩・オリーブ油・こしょう

E550kcal　T1時間

1 アイオリソースをつくる。ボウルに卵黄とにんにくを入れて混ぜ、泡立て器で混ぜながらオリーブ油を少しずつ加え、乳化させる。塩、こしょう、パセリも加えて混ぜる。

2 ほうぼうはウロコとぬめりを取り、頭と内臓を除いて洗う(93ページ参照)。3～4cm幅のブツ切りにし、塩少々をふる。頭も割って洗い、塩少々をふる。

3 えびは尾を残して頭と殻を取り、背ワタを除いて塩少々をふる。頭と殻はとっておく。

4 たまねぎは色紙形に切る。にんじんは半月形の薄切りにする。にんにくは皮つきのままつぶす。

5 サフランは小さな容器に入れ、水少々を加えてしばらくおく。

6 鍋にオリーブ油大さじ4を熱し、にんにく、えびの頭と殻を入れて中火でしっかりと炒める。色が変わったらたまねぎ、にんじんを加え、野菜が色づく程度に炒める。

7 ブランデー、トマトペーストを加え、えびの頭や殻を木べらでつぶしながら強火で炒める(写真A)。塩小さじ1、こしょう少々、白ワイン、ほうぼうの頭を加えて煮立てる。さらに水カップ5 1/2を加えて煮立て、中火で5～6分間煮詰める。

8 目の細かいざるで**7**をこす(写真B)。ざるに残った野菜、えびの頭と殻、ほうぼうの頭などをボウルやすり鉢に移し、すりこ木などでつぶしてうまみを出す。うまみの出た汁をこしたスープと合わせ、再び目の細かいざるでこして鍋に入れる。

9 ほうぼうの身、えびの水けをふいて**8**の鍋に加え(写真C)、さらにサフランも加えて5分間ほど煮る。器に盛り、**1**のアイオリソースを添えて、スープに溶いて食べる。

A 頭や殻をつぶすようにしながら、しっかりと炒めてうまみと香りを出す。

B あれば洋風のこし器(シノワ)が便利。

C ほうぼうの身は煮すぎると味が抜ける。最後に加えてサッと煮て。

ほたて

帆立貝

貝類のなかでも、養殖が進んでいるため刺身用の生きた貝が手に入りやすい帆立て。さばいたものも売っていますが簡単ですから、ぜひ挑戦してください。

※ 写真は殻の幅約10cm。

おさかなMEMO

ウグイスガイ目
イタヤガイ科

さばく包丁
テーブルナイフ、文化包丁

特徴・選び方
一方の殻は比較的平らで濃紫色、もう一方の殻はやや丸みを帯びて白っぽい。殻は少し開いていて、たたくとすばやく閉じるものが新鮮。食用にされるのは主に貝柱で、そのまま食べるほか、だしをとるための干物としてもおなじみ。

1 殻の開き具合を確認する

触れずにそっとしておくと、殻は少し開いた状態になる。これを強くこすって洗うと、殻が閉じてしまうので、このままそっと取り出してさばく。

2 殻の上側をはがす

平らで濃紫色の殻を上にして持つ。

上の殻とヒモの間にテーブルナイフを差し入れ、殻に沿わせながらナイフを進め、貝柱をはがす。殻が閉じてしまうので、手早く行う。

帆立ての刺身

ムッチリとした食感とじんわりと濃い甘み。
ヒモのシャキシャキとした食感も楽しい。

材料(4人分)
帆立て(刺身用)…4コ
うど・青じそ…各適量
わさび…適量
●小麦粉・しょうゆ
E70kcal　T20分

1 帆立ては殻から出してさばく(下記参照)。殻はたわしなどでこすってよく洗う。

2 うどは細めの短冊形に切って縦に切り目を入れ、松葉の形にする。水にさらし、水けをよくきる。

3 帆立ての内臓は小麦粉を薄くまぶし、フライパンで焼く。

4 貝柱はそぎ切りに、ひもは食べやすい長さに切る。殻に青じそを敷いて**3**とともに盛り、**2**をあしらう。すりおろしたわさび、しょうゆを添える。

3 殻を開いて中身を取り出す

上の殻を、ちょうつがいのほうへ曲げて開く(取りはずしてもよい)。テーブルナイフを下の殻とヒモの間に入れ、貝柱をはがして中身を取り出す。

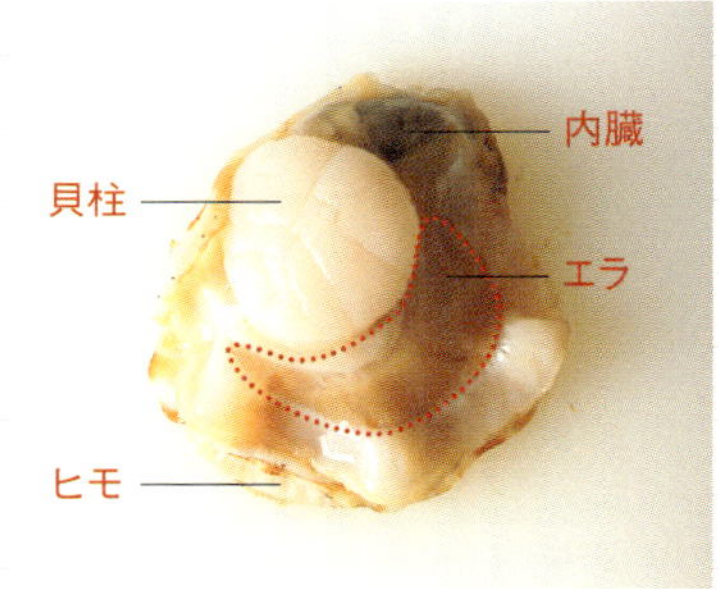

4 水洗いをする

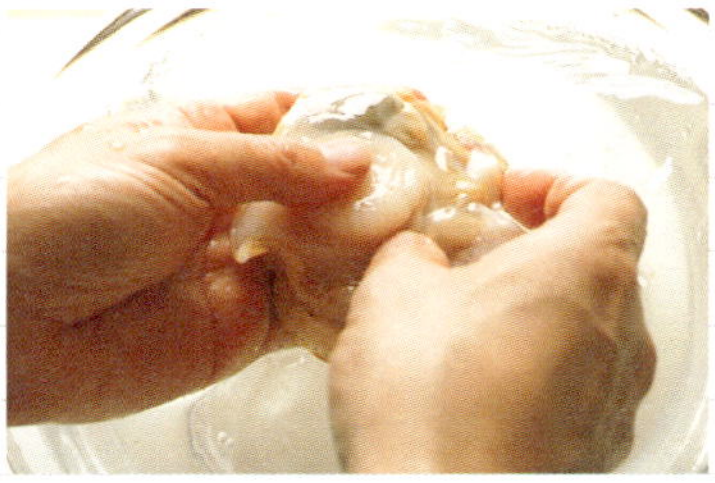

最初に洗っていないので、この段階で水洗いする。薄い塩水で洗うか、弱めの流水で洗う。ヒモの間なども指先でこすってよく洗い、水けをふき取る。

5 貝柱をはずす

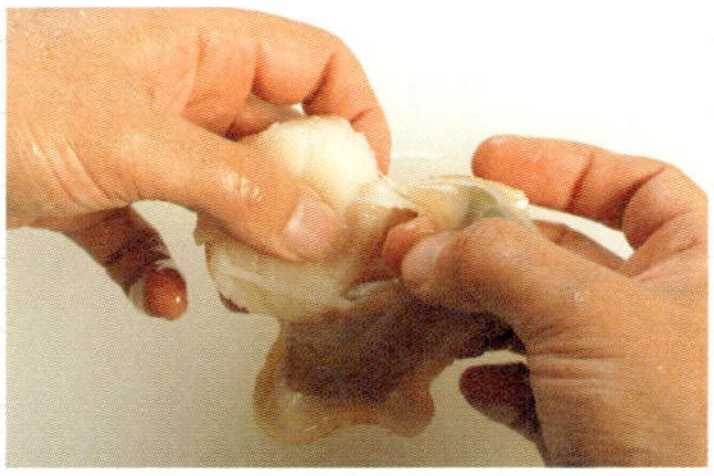

貝柱をそっと持ち、内臓と貝柱の間に指を入れて、そっと引っ張る。これで貝柱だけがはずれる。

6 ヒモからエラを切り取る

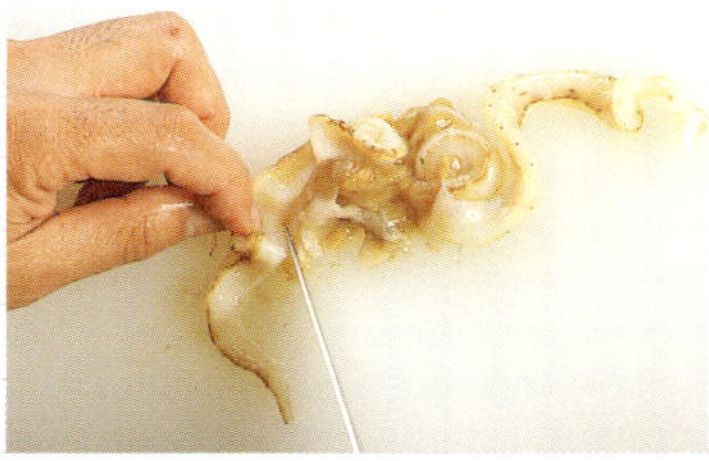

内臓の部分をヒモからはずし、ヒモに沿ってグルリとついているエラを切り取る。

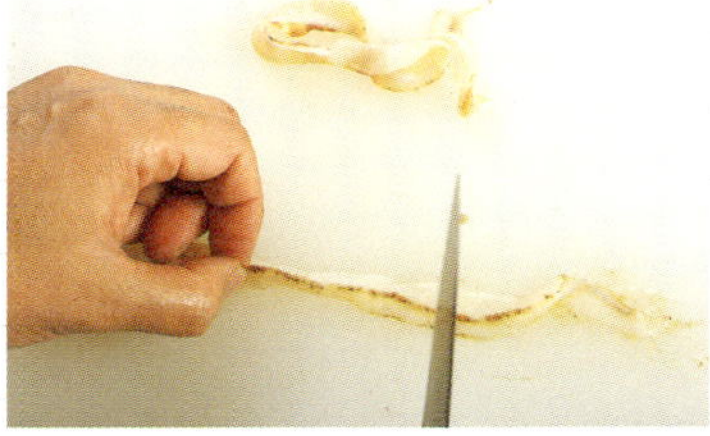

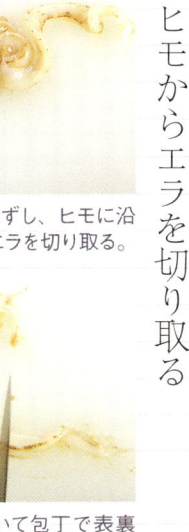

ヒモは折れた部分を開いて包丁で表裏をこすり、ぬめりを取ってもう一度洗い、水けをよくふく。

※ 写真は体長約16cm。

目張

めばる

春になると煮つけで食べたいなと、必ず思う魚です。
裏側から内臓を抜いて、
きれいな姿のまま煮てみましょう。
頭を左にして盛りつけるので、その反対側が裏。
この下処理を覚えておけば応用がききます。

おさかなMEMO

カサゴ目フサカサゴ科

さばく包丁
文化包丁

特徴
名前のとおり目が大きく張り出している。関西地方では体色が黒いめばる、関東地方以北では赤いめばるが一般的。表面にたけのこの皮に似た模様のあるタケノコメバルという種もあるが、めばるの旬がたけのこの旬と重なるため、ほかのめばるも「たけのこめばる」と呼ばれることがある。

ウスメバル

1 ウロコを取る

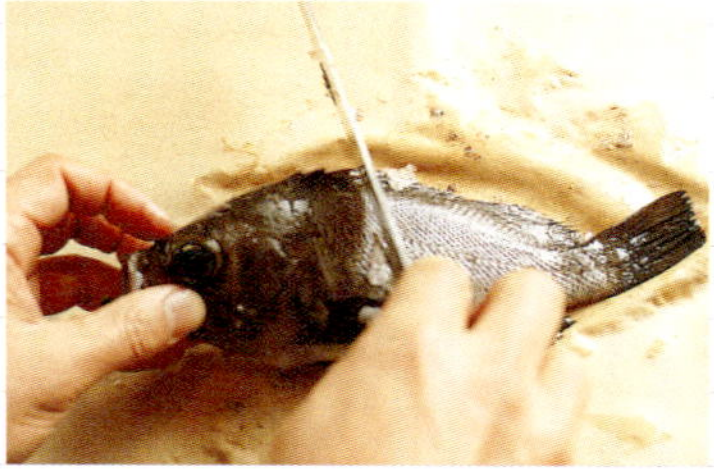

魚体の表面やヒレの付け根などを包丁の刃でこすり、ウロコをしっかりと取る。特に煮つけにする場合は念入りに。

2 エラを取る

エラぶたを持ち上げて包丁を差し入れ、カマに沿ってついている薄い膜を切る。

頭を右、腹を上にし、スプーンなどの柄をエラぶたの中に差し込んで通す。

柄の先をエラに引っ掛け、そのまま魚体を手前に倒してエラを引き出す。

3 内蔵を出す

頭を右上にし、胸ビレを持ち上げて、胸ビレの付け根付近から4～5㎝長さの切り目を入れる。

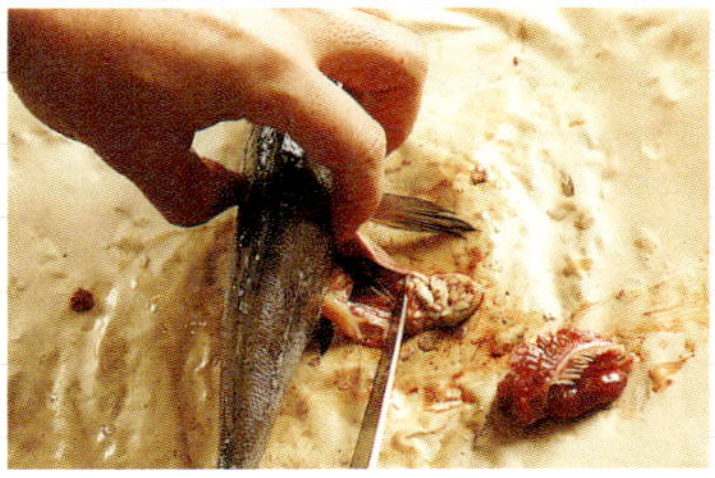

包丁の先を入れて内臓を引っ掛け、外へ引き出す。

4 洗って水けをふく

流水で表面に残ったウロコを流す。腹の切り目の中にも指を入れて、腹の中もきれいに洗う。

しっかりと水けをふき取る。

めばるの煮つけ

旬が同じ出会いのもの、たけのこといっしょに。
熱い煮汁をかけて、うまみを閉じ込めます。

材料(3～4人分)

めばる…3匹(1匹200g)

ゆでたけのこ…200g

煮汁

- 水…カップ1
- 酒…カップ⅓
- しょうゆ…大さじ4
- 砂糖・みりん…各大さじ3

E160kcal　T30分

1 めばるはウロコ、エラ、内臓を除いて洗い、水けをよくふく(右記参照)。

2 めばるはいずれも頭を左にして置き、胸ビレを持ち上げて、中骨に届くまで斜めに切り目を入れる。

3 たけのこは、根元の部分は3㎜厚さの輪切りにし、大きければ半分に切る。穂先は食べやすい大きさに縦に切る。

4 めばるが重ならずに並べられる鍋(写真は直径24㎝)を用意する。煮汁の材料を鍋に入れて火にかけ、煮立ったら、たけのこの根元の部分、めばるを重ならないように並べ入れ、すぐに魚の表面に煮汁を回しかける(写真A)。

5 あいたところにたけのこの穂先を加え、水でぬらした落としぶたをして、煮汁が1/3くらいになるまで、中火から強めの中火で煮る(約12分間が目安)。最後に再び煮汁を数回回しかけて火を止める(写真B)。

A 熱い煮汁をかけて、魚のうまみを閉じ込める。煮くずれを防ぐ効果もある。

B 煮汁に少しとろみがつき、魚の表面にからむくらいが目安。

魚卵・白子

鮮魚店で魚の卵や白子を見かけることがあっても、食べ方がわからず、また、クセを消すことができないなどの理由で二の足を踏む方も多いのではないでしょうか。下ゆでしたり、香味野菜をきかせたりと、少々のコツで驚くほどおいしく調理できます。

たいの真子、白子

産卵期の3～6月には、よく太った真子（卵巣）や白子（精巣）が流通することがあります。たいを自分でさばいたときに腹から出てきたら、ぜひ捨てずに調理してください。

調理の前には水ではなく、薄い塩水で洗いますが、柔らかいので傷をつけないよう、ていねいに扱いましょう。

たいの子のしょうが煮

真子は花が咲いたように煮ます。しょうがをたっぷり加えて、さっぱりと。真子か白子の一方だけでもおいしくできます。

材料（つくりやすい分量）

たいの真子・白子
…（合わせて）250g

しょうが…30g

煮汁

- 水・酒…各カップ$\frac{1}{3}$
- しょうゆ・みりん…各大さじ2
- 砂糖…大さじ1

●塩

E390kcal（全量）　T30分

1 真子、白子は薄い塩水でていねいに洗い、水けをふく。食べやすい大きさのブツ切りにする。

2 しょうがはよく洗い、皮つきのません切りにする。

3 鍋に煮汁の材料を合わせて煮立て、**1**を加えてしょうがを散らし入れる。アクをていねいにすくい取り、水でぬらした落としぶたをして、中火で10分間煮る。落としぶたをはずし、煮汁がほぼなくなるまで煮詰める。粗熱が取れる程度に冷ましてから食べると、味を含んでおいしい。

たらの白子のバター焼き

実は洋風の調理にもよく合う白子。加熱するとトロリと絶妙な柔らかさに。

材料（4人分）

たらの白子…300g

ソース

- バター…30g
- パセリ（みじん切り）…大さじ2
- しょうゆ…大さじ1
- レモン汁…½コ分

●塩・小麦粉・バター

E200kcal　T20分

1　白子は薄い塩水でていねいに洗い、水けをふき、食べやすい大きさに切る（写真A）。

2　鍋に湯を沸かす。ボウルに冷水を用意する。沸いた湯に**1**を入れて湯通しし（写真B）、すぐに取り出して冷水にとって冷ます。

3　**2**の水けをふき、小麦粉を薄くまぶす。フライパンにバター40gを中火で溶かし、白子を入れて全体をこんがりと焼き、器に盛る。

4　フライパンをきれいにしてソース用のバターを入れ、弱火にかけて溶かす。端がほんの少し茶色くなったら、すぐにパセリ、しょうゆ、レモン汁を加えてざっと混ぜ、**3**にかける。

A　膜状の部分から調理ばさみで切り分ける。

B　火を通しすぎないよう、30秒～1分間ほどサッとゆでる。独特のクセも抑えられる。

たらの白子

あっさりとしたたらの身とは正反対の濃厚な味わいで、冬の味覚として人気の白子。その形状から、関西地方では「雲子」とも呼ばれます。鮮度がよいものは生のまま、ポン酢しょうゆやもみじおろしといただくのも、定番の酒のさかなです。調理の前には水ではなく、薄い塩水でひだの間までていねいに洗いましょう。

生すじこ

秋ざけのシーズンには、成熟した生すじこ（さけの卵巣）が流通するようになります。これをバラバラにほぐすと、いくらです。さけの仲間の卵巣はどれも「すじこ」と呼ばれ、塩蔵品も出回りますので、いくらをつくるときは必ず生のものを選ぶよう気をつけてください。

生いくら

塩味のみをつけたシンプルないくらです。湯を入れて白く煮えたようになっても、あとで透明になるので心配いりません。

A 温度が高いと煮えすぎてしまう。必ず60℃を守って。

B はずれた膜は、菜ばしにからみついて取れる。

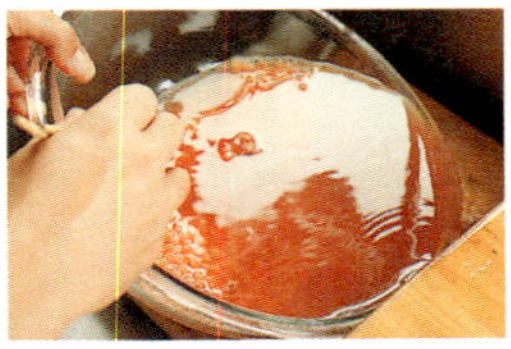

C ボウルを軽く傾け、水を捨てると、浮いた皮もいっしょに流れ出る。

D ざるの上に、さらに紙タオルを敷いて、しっかりと水けを取る。

材料（つくりやすい分量）

すじこ（生）…1腹（約350g）

A ｜水…カップ7
　｜塩…100g

E900kcal（全量）　T30分

1 ボウルにすじこを入れ、約60℃に温めた湯を注ぎ入れる（写真A）。菜ばし4～5本でかき混ぜて、表面の膜をはずし、バラバラにする（写真B）。

2 ボウルに水を加えてさらし、皮などが浮き上がった上澄みを捨てる（写真C）。何度か繰り返してきれいにし、ざっと水けをきる。

3 別のボウルにAを合わせて混ぜ、塩を溶かす。**2**を加え、いくらが透明感のあるオレンジ色になるまでつけて水けをきる。紙タオルを敷いたざるに移し、しっかりと水けを取る（写真D）。

保存　冷蔵庫で約1週間。

旬一覧

●主な魚介類の旬を、春夏秋冬に大きく分けました。
●カッコ内は産卵期です。一般的に、魚介類の旬は、産卵期の前、または産卵期にあたるので、参考にしてください。
資料提供・(財) おさかな普及センター資料館

春

アサリ(春・秋)
カツオ(周年)
クロメバル(12~2月)
コウイカ(2~4月)
サヨリ(春~夏)
ハマグリ(6~10月)
マガキ(6~8月)
マダイ(3~6月)
ヤリイカ(2~6月)

夏

アユ(9~11月)
イサキ(5~9月)
イセエビ(6~8月)
イボダイ(4~8月)
オニオコゼ(6~7月)
クルマエビ(夏~秋)
クロアワビ(10~12月)
クロウシノシタ(5~9月)
ゴマサバ(冬~初夏)
サザエ(7~9月)
シロギス(4~9月)
スルメイカ(夏~冬)
タチウオ(春~秋)
ホタテガイ(4~6月)
マアジ(冬~夏)
マコガレイ(12~4月)
マゴチ(5~7月)
マダコ(3~11月)
ヤマトシジミ(5~9月)

秋

アカカマス(6~8月)
アサリ(春・秋)
イセエビ(6~8月)
イボダイ(4~8月)
カツオ(周年)
カワハギ(5~8月)
クルマエビ(夏~秋)
コウイカ(2~4月)
サンマ(周年)
スルメイカ(夏~冬)
マイワシ(12~6月)
マガキ(6~8月)
マサバ(春~初夏)

冬

アカアマダイ(6~11月)
イセエビ(6~8月)
キンメダイ(7~9月)
コウイカ(2~4月)
スルメイカ(夏~冬)
ブリ(2~7月)
ホウボウ(冬~春)
マガキ(6~8月)
マガレイ(2~7月)
マシジミ(4~11月)
マダコ(3~11月)
ヤリイカ(2~6月)

土井善晴

どい・よしはる

料理研究家、フードプロデューサー。1957年、料理研究家の故・土井勝氏の次男として大阪で生まれる。スイス、フランスでフランス料理を、帰国後は大阪で日本料理を修業し、1992年、東京に「おいしいもの研究所」を設立。日本の食文化、家庭料理を大切に、テレビや雑誌、講演などで活躍している。基本を大切にした、わかりやすい指導と温かな人柄、ほがらかな口調で人気が高い。『土井善晴の　定番料理はこの1冊』（光文社）、『土井家の「一生もん」2品献立』、『春夏秋冬ほしかったのはこんな味　土井家のおいしいもん』、『日本のお米、日本のご飯』（以上、講談社）、『日本の家庭料理独習書』（高橋書店）など著書多数。

公式ホームページ

http://oishii-web.hp.infoseek.co.jp/

STAFF

アートディレクション	西野直樹（COMBOIN）
デザイン	COMBOIN
撮影	羽田晴男
スタイリング	綾部恵美子
料理アシスタント	平澤陽介（おいしいもの研究所）
校正	白土 章（ケイズオフィス）
栄養計算	ヘルスプランニングムナカタ
イラスト	西島尚美
企画・編集	渡邊倫子（NHK出版）
編集協力	小林美保子／日根野晶子／伊藤浩子

土井善晴の魚料理 さばいて、おいしく

発行日　2009（平成21）年10月15日　第1刷発行

著　者　土井善晴

発行者　遠藤絢一

発行所　日本放送出版協会（NHK出版）

〒150-8081　東京都渋谷区宇田川町41-1

電話　03-3780-3311（編集）

0570-000-321（販売）

ホームページ　http://www.nhk-book.co.jp

携帯電話サイト　http://www.nhk-book-k.jp

振　替　00110-1-49701

印刷・製本　大日本印刷株式会社

ISBN978-4-14-033263-4　C2077

Printed in Japan